THE SIMPLE WAY TO LEARN GERMAN

MAX MORCHEN

All rights reserved.

Copyright © 2018 by Max Morchen

No part of this book may be reproduced or transmitted in any form or by any means, electronic or mechanical, including photocopying, recording, or by any information storage and retrieval system, without permission in writing from the publisher.

This edition contains the complete text

of the original hardcover edition.

NOT ONE WORD HAS BEEN OMITTED.

THE SIMPLE WAY TO LEARN GERMAN

A Bad Creative Book / published by

arrangement with the author

BAD CREATIVE PUBLISHING HISTORY

The Simplest Way To Learn French published March 2016

The Simplest Way To Learn Spanish, published March 2017

UPCOMING WORKS

The Simplest Way To Learn Italian 2, 2019

ISBN: 9781731486592

SOCIAL #TheSimplestWay #LearnGerman #BadCreativ3

CONTENTS

Chapter 1 - Basics
Chapter 2 - Food
Chapter 3 - Animals
Chapter 4 - Possessives
Chapter 5 - Clothing
Chapter 6 - Questions
Chapter 7 - Verbs
Chapter 8 – Preposition

Chapter 9 - Dates & Time

Chapter 10 - Family
Chapter 11 - Colors
Chapter 12 - Occupation
Chapter 13 - Measures
Chapter 14 - Household
Chapter 15 - Adjectives
Chapter 16 – Determiners
Chapter 17 - Adverbs
Chapter 18 - Objects
Chapter 19 - Places
Chapter 20 - People
Chapter 21 - Numbers

Contact info

FOREWORD

While in school, we learnt stuff we probably don't use today. However, language is essential to almost every aspect of the human condition.

How do you expand your business beyond your continent for more sales? How are you going to express your love for the beautiful lady that just walked past? How do you get directions to the magnificent Alter Hof Palace? With the knowledge of language, that's how.

This book contains a lexicon of some of the most used words in everyday German conversation. It makes use of the age-old learning techniques of repetition and rote memorization, to condition the brain for learning German as quickly as possible. In addition, an auxillary feature called story mode has been included to aid the reader in a test for comprehension.

Finally, it should be noted that while this book will aid in a visual recognition and comprehension of words in the German language, students must also understand their proper pronunciations. To help with this, there is an accompanying audiobook that will be made available, in order to enable listening lessons.

And so, from the beautiful city of Munich, the city of beer and historic buildings, we present to you, The Simple Way To Learn German.

HOW TO USE THIS BOOK

1. This line is the training line (or T-Line if you prefer)

TRAINING TIME

It represents the end of a set of 25 words to memorize.
2. You are required to cover the right side of the book & attempt to translate the left side, off hand.
3. Each correct translation carries 1 point. Words after the T-line but not up to 25, are considered as bonuses.
4. Do not proceed to the next batch until you have scored twenty-five points
5. The story modes are designed to help you understand the usage of the words in sentences, so be sure to score high on the training, in order to fully comprehend the stories.

Now that you know the rules,
Let us begin.

Chapter 1

BASICS

Keywords: Ich, er, sie, mädchen, mann, frau, apfel, esse, trinke, wasser.

The	Das
The water	Das Wasser
The apple	Der Apfel
The boy	Der Junge
The girl	Das Mädchen
The man	Der Mann
The woman	Die Frau
The bread	Brot
A man	Ein Mann
A woman	Eine Frau
I am a man	Ich bin ein Mann
I am a boy	Ich bin ein Junge
The woman eats the apple	Die Frau isst den Apfel
The boy eats an apple	Der Junge isst einen Apfel
She	Sie
He is a boy	Er ist ein Junge
She is a girl	Sie ist ein Mädchen
I drink	Ich trinke
You drink	Du trinkst
I eat	Ich esse
You eat	Du isst
She eats	Sie isst
I eat sugar	Ich esse zucker
He drinks	Er trinkt
You are a woman	Du bist eine Frau

TRAINING TIME

The women	Die Frauen
The book	Das Buch
The newspaper	Die Zeitung
I read	ich lese
I write	Ich schreibe
You read	Du liest
You write	Du schreibst
She reads	Sie liest
He reads	Er liest
We write	Wir schreiben
We drink	Wir trinken
He writes a book	Er schreibt ein Buch
You drink the water	Du trinkst das Wasser
We drink water	Wir trinken Wasser
The women drink	Die Frauen trinken
The men drink water	Die Männer trinken Wasser
You are boys	Ihr seid Jungs
We are kids	Wir sind Kinder
We are men	Wir sind Männer
We are women	Wir sind Frauen
We are men	Wir sind Männer
You are men	Du bist ein Mann
Do we drink milk?	Trinken wir milch
We drink milk	Wir trinken Milch
We drink water	Wir trinken Wasser

TRAINING TIME

The	Das
They	Sie
We, they	Wir Sie
Night	Nacht
Afternoon	Nachmittag
Hello!	Hallo!
English	Englisch
Italian	Italienisch
I speak	Ich spreche
Thank you, excuse me	Danke, entschuldige mich
Bye, excuse me	Tschüss, entschuldige mich
Do you speak English?	Sprichst du Englisch?
I am Dani, I speak English	Ich bin Dani, ich spreche Englisch
Yes, excuse me	Ja Entschuldigung
I am Vanessa, I speak Italian	Ich bin Vanessa, ich spreche italienisch
Are they apples?	Sind das Äpfel?
He, she, us	Er, sie, wir
Are they men?	Sind das Männer?
Are they women?	Sind sie frauen
They are men	Sie sind Männer
They are women	Sie sind Frauen
They are girls	Sie sind Mädchen
They read	Sie lesen
They write	Sie schreiben
They are women	Sie sind Frauen

TRAINING TIME

Thanks	Vielen Dank
Yes	Ja
Hi	Hallo
Bye!	Tschüss!
Good evening	Guten Abend
Good morning	Guten Morgen
Good night	Gute Nacht
Good bye	Auf Wiedersehen
Good bye Salvatore	Auf Wiedersehen, Salvatore
Good evening Giorgia	Guten Abend, Giorgia
Good night Anton	Gute Nacht, Anton
Thanks Sofia!	Danke Sofia!
No, thank you	Nein danke
No, sorry	Nein Entschuldigung
Please	Bitte
I am sorry	Es tut mir leid
In the sugar	Im Zucker
I have an apple	Ich habe einen Apfel
I eat the sugar	Ich esse den Zucker
The boys write	Die Jungs schreiben
The woman eats sugar	Die Frau isst Zucker
I have a book	Ich habe ein Buch
The men drink beer	Die Männer trinken Bier
I like you	Ich mag dich
I like women	Ich mag Frauen

TRAINING TIME

We are women	Wir sind Frauen
They are girls	Sie sind Mädchen
I have the keys	Ich habe die Schlüssel
They are not good	Sie sind nicht gut
They read books	Sie lesen Bücher
They like pineapples	Sie mögen Ananas
The boys eat apples	Die Jungs essen Äpfel
The man reads letters	Der Mann liest Briefe
I read the words	Ich lese die worte
The girl eats apples	Das Mädchen isst Äpfel
He reads the words	Er liest die Wörter
The woman writes letters	Die Frau schreibt Briefe
She eats potatoes	Sie isst Kartoffeln
They like bananas	Sie mögen Bananen
The girls are good	Die Mädchen sind gut
They drink wines	Sie trinken Weine
You all are girls	Sie sind alle Mädchen
I write a book	Ich schreibe ein Buch
You write a letter	Du schreibst einen Brief
I write letters	Ich schreibe Briefe
He writes books	Er schreibt Bücher
The boy writes a letter	Der Junge schreibt einen Brief
I read the newspaper	ich lese die Zeitung
They read a book	Sie lesen ein Buch
They write a book	Sie schreiben ein Buch

TRAINING TIME

We read	Wir lesen
We drink	Wir trinken
I am a person	Ich bin eine Person
You read a book	Du liest ein Buch
We read the newspaper	Wir lesen die Zeitung
He reads a book	Er ließt ein Buch
Dani is a person	Dani ist eine Person
Vanessa writes, Marco reads	Vanessa schreibt, Marco liest
Friedrich reads a book	Friedrich liest ein Buch
Good morning, how are you?	Guten Morgen, wie geht es dir?
I am a girl, I drink milk	Ich bin ein Mädchen, ich trinke Milch
You drink water	Du trinkst Wasser
Why did i say that?	Warum habe ich das gesagt?
We do not want an enemy	Wir wollen keinen Feind
She asked and answered	Sie fragte und antwortete
Who wins?	Wer gewinnt?
I have to wake up at six	Ich muss um sechs aufwachen
It is give and take	Es ist Geben und Nehmen
I fill up the bottle with water	Ich fülle die Flasche mit Wasser
We do it	Wir machen es
I make it	Ich mache es
I hear it	Ich höre es
I love them a lot	Ich liebe sie sehr
She helps them	Sie hilft ihnen
My brother looks for them	Mein Bruder sucht nach ihnen

TRAINING TIME

STORY MODE

ENGLISH

Lisa: "I'm ready to party with the guys from Rio, we'll leave tomorrow."

Vanessa: "Have you packed everything you need?"

Lisa: "Yes, I have."

Vanessa: "How long will you be away?"

Lisa: "About three or four months."

Vanessa: "What's in this bag?"

Lisa: "Not much, some clothes, water and a computer."

Vanessa: "Have you thought of other things that will be needed once you arrive?"

Lisa: "Things like what?"

Vanessa: "Things like a place to stay, where to eat, places to visit."

Lisa: "No, not really."

Vanessa: "If you have not yet booked a place, you can still get a room at the Hotel Marina Palace. It's cheap and they serve fresh milk for breakfast."

For food and drinks, you can visit Acqua, a nice place in São Paulo. They also have a garden where you can sit down, eat bread and drink wine with both men and women.

At night, you should also visit Cambury Beach. There is always a crowd of happy people on the beach, looking for a good time.

And finally, to buy items, you can go to the Largo Da Ordem market. It opens on Saturdays, but most traders speak Portuguese.

Lisa: "No problem, I can read a little Portuguese, I can also learn the language when I arrive."

Vanessa: "Will your sister go with you?"

Lisa: "Yes, we will write a book together."

Vanessa: "And your father?"

Lisa: "No, he will be at home reading the newspapers."

Vanessa: "All right, please bring some memories when you come back, thanks."

Lisa: "Do not worry, I'll even send you a letter regularly, to keep you updated."

Vanessa: "Thanks, I would appreciate it."

A B C D E F G H I J
K L M N O P Q R S
T U V W X Y Z

GERMAN

Lisa: "Ich bin bereit mit den Jungs aus Rio zu feiern, wir gehen morgen."

Vanessa: "Hast du alles gepackt, was du brauchst?"

Lisa: "Ja, das habe ich."

Vanessa: "Wie lange wirst du weg sein?"

Lisa: "Etwa drei oder vier Monate."

Vanessa: "Was ist in dieser Tasche?"

Lisa: "Nicht viel, Kleidung, Wasser und Computer."

Vanessa: "Hast du an andere Dinge gedacht, die du brauchst, wenn du ankommst?"

Lisa: "Dinge wie was?"

Vanessa: "Dinge wie Unterkunft, wo man essen kann, Orte, die man besuchen kann."

Lisa: "Nein, nicht wirklich."

Vanessa: "Wenn Sie keinen Platz gebucht haben, können Sie trotzdem ein Zimmer im Hotel Marina Palace buchen. Es ist billig und es gibt frische Milch zum Frühstück.

In Acqua, einem schönen Ort in São Paulo, können Sie Speisen und Getränke besuchen. Sie haben auch einen Garten, wo Sie mit Männern und Frauen sitzen, Brot essen und Wein trinken können.

Abends sollten Sie auch den Cambury Beach besuchen. Es gibt immer viele glückliche Menschen am Strand, die eine gute Zeit suchen.

Um Produkte zu kaufen, können Sie zum Largo Da Ordem-Markt gehen. Es ist samstags geöffnet, aber die meisten Einzelhändler sprechen Portugiesisch."

Lisa: "Kein Problem, ich kann ein bisschen Portugiesisch lesen, ich kann auch die Sprache lernen, wenn ich ankomme."

Vanessa: "Wird deine Schwester mit dir gehen?"

Lisa: "Ja, wir werden zusammen ein Buch schreiben."

Vanessa: "Und dein Vater?"

Lisa: "Nein, er wird die Zeitungen zu Hause lesen."

Vanessa: "Okay, bitte bring ein paar Erinnerungen mit, wenn du zurückkommst, danke."

Lisa: "Keine Sorge, ich schicke dir sogar regelmäßig einen Brief, um dich auf dem Laufenden zu halten."

Vanessa: "Danke, ich würde es schätzen."

1 2 3 4 5 6 7 8 9
10 11 12 13 14 15
16 **17 18** 19 20 21
22 23 24 25

Chapter 2

FOOD

Keywords: Schokolade, Süßigkeiten, Karotten, Lebensmittel, Bier, Kaffee, Banane, Schüssel.

The fruit	Das Obst
The fork	Die Gabel
The hunger	Der Hunger
The diet	Die Diät
The breakfast	Das Frühstück
The lunch	Das Mittagessen
The dinner	Das Abendessen
The bottle	Die Flasche
The glass	Das Glas
The butter	Die Butter
The cup	Die Tasse
The bowl	Die Schale
The cake	Der Kuchen
The beer	Das Bier
The chicken	Das Hähnchen
The egg	Das Ei
An egg	Ein Ei
The beverage	Das Getränk
The cheese	der Käse
A carrot	Eine Karotte
The sauce	Die Soße
The grape	Die Traube
The garlic	Der Knoblauch
The juice	Der Saft
The drink	Das Getränk

TRAINING TIME

The fish	Der Fisch
The milk	Die Milch
The coffee	der Kaffee
The menu	Das Menü
The meal	Die Mahlzeit
The plate	Der Teller
A banana	Eine Banane
I eat the chocolate	Ich esse die Schokolade
The boy eats the cookie	Der Junge isst den Keks
I eat the chocolate ice cream	Ich esse das Schokoladeneis
I eat lunch	Ich esse zu Mittag
I cook lunch	ich koche Mittagessen
It is not sour	Es ist nicht sauer
The jam has an acidic taste	Die Marmelade hat einen sauren Geschmack
I cook the meat	Ich koche das Fleisch
It is a kitchen	Es ist eine Küche
I drink a bottle	Ich trinke eine flasche
You drink milk	Du trinkst Milch
You drink coffee	Du trinkst Kaffee
You eat the fish	Du isst den Fisch
The man has the fork	Der Mann hat die Gabel
I eat the fried cheese	Ich esse den gebratenen Käse
We eat	Wir essen
We eat the breakfast	Wir essen das Frühstück
The cook has the butter	Der Koch hat die Butter

TRAINING TIME

The woman eats fish	Die Frau isst Fisch
I eat the dinner	Ich esse zu Abend
The fish is the dinner	Der Fisch ist das Abendessen
I do not eat cheese	Ich esse kein Käse
They eat the fish	Sie essen den Fisch
The cook cuts the beef	Der Koch schneidet das Rindfleisch
I cut the apple	Ich schneide den Apfel
She cooks	Sie kocht
I cook fish	Ich koche Fisch
The woman cuts the carrot	Die Frau schneidet die Karotte
I cook the chicken	Ich koche das Huhn
The cream boils	Die Sahne kocht
The chocolate cream boils	Die Schokoladencreme kocht
A pineapple and a beer	Eine Ananas und ein Bier
I cut the bread	Ich schneide das Brot
The food	Das Essen
The candy	Die Süßigkeit
I eat fruit	Ich esse Obst
He eats a bean	Er isst eine Bohne
The lemon	Die Zitrone
The orange	Die Orange
She eats a banana	Sie isst eine Banane
I eat a sweet cake	Ich esse einen süßen Kuchen
I eat the steak	Ich esse das Steak

TRAINING TIME

The meat	Das Fleisch
The pork	Das Schweinefleisch
The onion	Die Zwiebel
The salt	Das Salz
The sugar	Der Zucker
The soup	Die Suppe
The pasta	Die Pasta
The rice	Der Reis
The restaurant	Das Restaurant
The sandwich	Das Sandwich
The tomato	Die Tomate
The potato	Die Kartoffel
I cook a potato	Ich koche eine Kartoffel
I eat the jam	Ich esse die Marmelade
The men drink the lemonade	Die Männer trinken die Limonade
The chef cooks pork	Der Chef kocht Schweinefleisch
I have a recipe in the book	Ich habe ein Rezept im Buch
She drinks oil	Sie trinkt Öl
I do not drink oil	Ich trinke kein Öl
I do not have pepper	Ich habe keinen Pfeffer
We eat pasta	Wir essen Pasta
I cook a potato	Ich koche eine Kartoffel
It is a sandwich	Es ist ein Sandwich
He eats the salad	Er isst den Salat
The chef has a sausage	Der Chef hat eine Wurst

TRAINING TIME

The ingredient is salt	Die Zutat ist Salz
We have dinner at the restaurant	Wir essen im Restaurant zu Abend
It is a turkey	Es ist ein Truthahn
The women have lunch at the restaurant	Die Frauen essen im Restaurant zu Mittag
The boy eats lunch	Der Junge isst zu Mittag
The woman eats dinner	Die Frau isst zu Abend
I eat a tomato	Ich esse eine Tomate
The cook eats lunch	Der Koch isst zu Mittag
I am not a waiter	Ich bin kein Kellner
We drink juice	Wir trinken Saft
He cuts the bread	Er schneidet das Brot
He reads the menu	Er liest das Menü
He eats a banana	Er isst eine Banane
Are you hungry?	Bist du hungrig?
Do you like carrots?	Magst du Karotten?
The kitchen	Die Küche
The beef	Das Fleisch
The wine	Der Wein
The juice	Der Saft
The grill	Der Grill
The strawberry	Die Erdbeere
I cook and you eat	Ich koche und du isst
I eat an egg	Ich esse ein Ei

He is not vegetarian	Er ist kein Vegetarier
The cook cooks the mushrooms	Der Koch kocht die Pilze

TRAINING TIME

Bitter	Bitter
A lemon	Eine Zitrone
The farm	Der Bauernhof
He eats the vegetables	Er isst das Gemüse
The waiter has the wine	Der Kellner hat den Wein
We eat the mushrooms	Wir essen die Pilze
I eat fish	ich esse Fisch
I do not eat cheese	Ich esse kein Käse
The girl drinks tea	Das Mädchen trinkt Tee
The girl is hungry	Das Mädchen hat Hunger
The ingredient is the jam	Die Zutat ist die Marmelade
The flavor is not sweet	Der Geschmack ist nicht süß
The taste is sweet	Der Geschmack ist süß
You eat the ice	Du isst das Eis
The boy eats cheese	Der Junge isst Käse
I like cake	ich mag Kuchen
I like salad with oil	Ich mag Salat mit Öl
We eat pineapple	Wir essen Ananas
We eat an apple	Wir essen einen Apfel
The knife	Das Messer
The spoon	Der Löffel
Do you drink coffee?	Trinkst du Kaffee?
He has water	Er hat Wasser
He has an apple	Er hat einen Apfel
He eats a cookie	Er isst einen Keks

TRAINING TIME

The girl eats fruit	Das Mädchen isst Obst
The girl eats pasta with pepper	Das Mädchen isst Nudeln mit Pfeffer
The woman likes pasta with pepper	Die Frau mag Pasta mit Pfeffer
Do you eat potato?	Isst du Kartoffel?
The girl drinks orange juice	Das Mädchen trinkt Orangensaft
The girls eat rice	Die Mädchen essen Reis
The man likes rice with pepper	Der Mann mag Reis mit Pfeffer
I have a book	Ich habe ein Buch
I like chocolate	Ich mag Schokolade
He likes chocolate with pepper	Er mag Schokolade mit Pfeffer
I like cookies	Ich mag Kekse
He likes tea	Er mag Tee
We eat a sandwich	Wir essen ein Sandwich
The milk boils	Die Milch kocht
The food is good	Das Essen ist gut
He drinks lemonade	Er trinkt Limonade
It is a meal	Es ist eine Mahlzeit
It is the food!	Es ist das Essen!
I do not drink sour milk	Ich trinke keine saure Milch
He writes with joy	Er schreibt mit Freude
The wines are good	Die Weine sind gut
I eat sugar	Ich esse zucker
Is the milk sour?	Ist die Milch sauer?
Do you eat strawberry?	Isst du Erdbeere?
I like steak	Ich mag Steak

TRAINING TIME

No, Francesca does not eat fish	Nein, Francesca isst keinen Fisch
Victoria eats rice	Victoria isst Reis
Milk, egg, fish	Milch, Ei, Fisch
I cook fish	Ich koche Fisch
The orange is a fruit	Die Orange ist eine Frucht
Dani eats fruit	Dani isst Obst
No, Marco does not drink wine, he drinks juice	Nein, Marco trinkt keinen Wein, er trinkt Saft
It is a tomato	Es ist eine Tomate
I eat pasta	Ich esse Pasta
I cook pasta	Ich koche pasta
Yes, it is juice	Ja, es ist Saft
The girls eat fruit	Die Mädchen essen Obst
We drink juice	Wir trinken Saft
Yes, the tomato	Ja die Tomate
The orange, the apple	Die Orange, der Apfel
I do not cook pasta, I cook rice	Ich koche keine Nudeln, ich koche Reis
The girl eats strawberries	Das Mädchen isst Erdbeeren
No, it is not a strawberry, it is a tomato	Nein, es ist keine Erdbeere, es ist eine Tomate
Clarisse does not eat strawberries	Clarisse isst keine Erdbeeren
Albert does not eat sauce	Friedrich isst keine Sauce
Tea, water, sugar	Tee, Wasser, Zucker
I eat sandwiches	Ich esse Sandwiches
We eat strawberries	Wir essen Erdbeeren

TRAINING TIME

No, Marco is not vegetarian	Nein, Marco ist kein Vegetarier
A strawberry, an apple, a fruit	Eine Erdbeere, ein Apfel, eine Frucht
The boy eats strawberries	Der Junge isst Erdbeeren
Yes, Vanessa is vegetarian	Ja, Vanessa ist Vegetarierin
Do vegetarians drink beer?	Trinken Vegetarier Bier?
Vanessa is a vegetarian, she does not eat fish	Vanessa ist Vegetarierin, sie isst keinen Fisch
I am vegetarian, I don't eat chicken	Ich bin Vegetarier, ich esse kein Hühnchen
It is soup	Es ist Suppe
It is a lemon	Es ist eine Zitrone
It is the food	Es ist das Essen
The tomato, the potato, the cheese	Die Tomate, die Kartoffel, der Käse
I cook fish	Ich koche Fisch
Tomato, onion, soup	Tomaten, Zwiebeln, Suppe
The egg, the cheese	Das Ei, der Käse
I cook meat	Ich koche Fleisch
The lunch	Das Mittagessen
I eat lunch	Ich esse zu Mittag
I eat meat	ich esse Fleisch
Fish, meat, chicken	Fisch, Fleisch, Hühnchen
Egg, chicken, rice	Ei, Hühnchen, Reis
I do not want lettuce	Ich will keinen Salat
Our grapes	Unsere trauben
A carrot and an apple	Eine Möhre und ein Apfel
The soup is for Mateo	Die Suppe ist für Mateo

I do not want lettuce in my salad	Ich möchte keinen Salat in meinem Salat

TRAINING TIME

No, they are not grapes	Nein, das sind keine Trauben
Yes, the mushrooms are red	Ja, die Pilze sind rot
She drinks water or milk	Sie trinkt Wasser oder Milch
The carrot, the carrots	Die Möhre, die Möhre
The salads, the mushrooms, the carrots	Die Salate, die Pilze, die Karotten
Friedrich eats mushrooms	Friedrich isst Pilze
Silvia and Vanessa are vegetarians	Silvia und Vanessa sind Vegetarier
Dani and i eat meat	Dani und ich esse Fleisch
Marco and i do not drink beer	Marco und ich trinken kein Bier
I want mushrooms in my salad	Ich möchte Pilze in meinem Salat
Yes, it is salad	Ja, das ist Salat
We eat pineapples	Wir essen Ananas
The grape that i want is red	Die Traube, die ich will, ist rot
And the pineapples?	Und die Ananas?
She eats a banana	Sie isst eine Banane
The cakes	Die Kuchen
Do you need more corn?	Benötigen Sie mehr Mais?
I drink when I want	Ich trinke wann ich will
If I do not cook, I do not eat	Wenn ich nicht koche, esse ich nicht
I want a banana	Ich möchte eine Banane

The white cake is mine	Der weiße Kuchen gehört mir
Is it a pineapple?	Ist es eine Ananas?
I want more bananas	Ich möchte mehr Bananen
I eat because you eat	Ich esse, weil du isst
The sauce, the tomato, the onion	Die Sauce, die Tomate, die Zwiebel

TRAINING TIME

Ice cream	Eis
I have the coffee ice cream	Ich habe das Kaffeeeis
The meal	Die Mahlzeit
The bean	Die Bohne
The mushrooms	Die Pilze
The pineapples are ours	Die Ananas gehören uns
She is eating one banana	Sie isst eine Banane
I want tuna in my salad	Ich möchte Thunfisch in meinem Salat
The turkey is not ours	Der Truthahn gehört nicht uns
Do you need more ice?	Benötigen Sie mehr Eis?
I do not eat pasta	Ich esse keine Pasta
I speak while I eat	Ich spreche, während ich esse
Tuna, meat and chicken	Thunfisch, Fleisch und Hühnchen
I do not want turkey, thanks	Ich möchte keinen Truthahn, danke

I read a menu while I eat	Ich lese während des Essens ein Menü
It is ice, not sugar	Es ist Eis, kein Zucker
The butter and the oil	Die Butter und das Öl
Oil and salt	Öl und Salz
Do you eat pepper?	Isst du Pfeffer?
I want pasta without cheese	Ich möchte Pasta ohne Käse
I do not eat garlic	Ich esse keinen Knoblauch
She drinks wine even though she does not drink beer	Sie trinkt Wein, obwohl sie kein Bier trinkt
Julia eats rice with cheese	Julia isst Reis mit Käse
The oil is yellow	Das Öl ist gelb
With lettuce	Mit Salat

TRAINING TIME

STORY MODE

ENGLISH

Andrea: "What do we eat for breakfast?"

Gabriella: "Carrot cake."

Andrea: "Is it a salad?"

Gabriella: "No, it's a real cake, it's made with carrots."

Andrea: "It looks delicious, I would like to eat a cake made with bananas, oranges, strawberries or even pineapples... What about lunch?"

Gabriella: "Rice and tuna dipped in garlic sauce."

Andrea: "No, I do not want that. What other food do you have in your fridge?"

Gabriella: "Nothing more, just some tomatoes, fish, chicken, cheese, onions and some eggs, I also have to go shopping for some items."

GERMAN

Andrea: "Was essen wir zum Frühstück?"

Gabriella: "Karottenkuchen"

Andrea: "Ist es ein Salat?"

Gabriella: "Nein, es ist ein echter Kuchen, er besteht aus Karotten."

Andrea: "Es sieht lecker aus, ich würde gerne einen Kuchen essen, der aus Bananen, Orangen, Erdbeeren oder sogar Ananas gemacht wurde. Wie wäre es mit einem Mittagessen?"

Gabriella: "Reis und Thunfisch in Knoblauchsauce getaucht."

Andrea: "Nein, das will ich nicht. Welches andere Essen hast du in deinem Kühlschrank?"

Gabriella: "Nicht viel, nur ein paar Tomaten, Fisch, Hähnchen, Käse, Zwiebeln und ein paar Eier. Ich muss auch ein paar Sachen kaufen."

Chapter 3

ANIMALS

Keywords: Wal, Elefant, Wolf, Kuh, Insekt, Katze, Schlange, Ente, Hai, Fliege, Ameise, Tier.

The bull	Der Stier
The horse	Das Pferd
The bird	Der Vogel
The turtle	Die schildkröte
The lion	Der Löwe
The dog	Der Hund
The cat	Die Katze
The elephant	Der Elefant
The duck	Die Ente
The spider	Die Spinne
The bear	Der Bär
The rabbit	Das Kaninchen
The pig	Das Schwein
The monkey	Der Affe
The dolphin	Der Delfin
A cow	Eine Kuh
A bee	Eine Biene
An insect	Ein Insekt
A whale	Ein Wal
She has a cat	Sie hat eine Katze
It is a wolf	Es ist ein Wolf
It is a penguin	Es ist ein Pinguin
The monkey is in the zoo	Der Affe ist im Zoo
You are a tiger	Du bist ein Tiger
The chicken is a bird	Das Huhn ist ein Vogel

TRAINING TIME

The dog drinks water	Der Hund trinkt Wasser
The cow drinks milk	Die Kuh trinkt Milch
The cats drink water	Die Katzen trinken Wasser
The cats drink milk	Die Katzen trinken Milch
The elephant drinks milk	Der Elefant trinkt Milch
The birds eat fruit	Die Vögel essen Obst
The monkey eats a banana	Der Affe isst eine Banane
The cow drinks water	Die Kuh trinkt Wasser
The spider drinks water	Die Spinne trinkt Wasser
I am a butterfly	Ich bin ein Schmetterling
I am an insect	Ich bin ein Insekt
The snake eats the mouse	Die Schlange frisst die Maus
The shark eats	Der Hai isst
The fly is in the glass	Die Fliege ist im Glas
I have the bee	Ich habe die Biene
I have the bear	Ich habe den bären
The bee eats the sugar	Die Biene isst den Zucker
The dog eats an ant	Der Hund isst eine Ameise
They do not like horses	Sie mögen keine Pferde
It is a mouse!	Es ist eine Maus!
The elephant eats an apple	Der Elefant isst einen Apfel
The girl speaks with the tiger	Das Mädchen spricht mit dem Tiger
The wolf talks to the girl	Der Wolf spricht mit dem Mädchen
The snake talks to the boy	Die Schlange spricht mit dem Jungen

The tiger eats bread	Der Tiger isst Brot

TRAINING TIME

The fly eats bread	Die Fliege frisst Brot
The ant reads a book	Die Ameise liest ein Buch
The animal	Das Tier
The cats drink milk	Die Katzen trinken Milch
The horse drinks water	Das Pferd trinkt Wasser
The bird drinks water	Der Vogel trinkt Wasser
A horse is an animal	Ein Pferd ist ein Tier
The wolf drinks milk	Der Wolf trinkt Milch
Yes, the dogs	Ja, die Hunde
I like cats	Ich mag Katzen
Insects eat chocolate	Insekten essen Schokolade
Flies eat chocolate	Fliegen essen Schokolade
Insects drink water	Insekten trinken Wasser
Flies are insects	Fliegen sind Insekten
Are they cats?	Sind das Katzen?
It is an ant	Es ist eine Ameise
Yes, they are elephants	Ja, das sind Elefanten
Juan is a turtle	Juan ist eine Schildkröte
Friedrich is a duck	Friedrich ist eine Ente
Fernando is an elephant	Fernando ist ein Elefant
The elephants drink water	Die Elefanten trinken Wasser
We are turtles	Wir sind Schildkröten
They are crabs, not spiders	Sie sind Krabben, keine Spinnen
A bear is an animal	Ein Bär ist ein Tier

STORY MODE

ENGLISH

Clarisse: "Thank you for taking me to the zoo, there are so many animals here, I can see lions, horses, elephants, monkeys, bears, rabbits and birds."

Friedrich: "Look there, that giant spider is called the tarantula, and in the water, there are big turtles, ducks, crabs and dolphins."

Clarisse: "Are there also penguins?"

Friedrich: "I doubt it, the penguin is an Arctic animal, so it's more likely to be in the frozen regions."

Clarisse: "You know a lot about animals, do you have a pet?"

Friedrich: "No more. Once I had a mouse, and then a pig, but my sister ate it. Then there was a dog that loved to chase the neighbor's cat, but it got sick and died."

Clarisse: "Which animals are your favorites?"

Friedrich: "The animals I like best are the ones I can eat or drink, especially chickens and cows. The ones I hate the most are snakes and bees."

GERMAN

Clarisse: "Danke, dass Sie mich in den Zoo gebracht haben, hier gibt es so viele Tiere, ich kann Löwen, Pferde, Elefanten, Affen, Bären, Kaninchen und Vögel sehen."

Friedrich: "Schau mal, diese Riesenspinne wird Tarantel genannt, und im Wasser gibt es große Schildkröten, Enten, Krabben und Delphine."

Clarisse: "Gibt es auch Pinguine?"

Friedrich: "Ich bezweifle, dass der Pinguin ein arktisches Tier ist, also eher in den gefrorenen Regionen zu finden ist."

Clarisse: "Sie wissen viel über Tiere, haben Sie ein Haustier?"

Friedrich: "Nicht mehr. Einmal hatte ich eine Maus und dann ein Schwein, aber meine Schwester aß es. Dann gab es einen Hund, der es liebte, die Katze des Nachbarn zu jagen, aber sie wurde krank und starb."

Clarisse: "Welche Tiere sind deine Lieblinge?"

Friedrich: "Die Tiere, die ich am besten mag, sind die, die ich essen oder trinken kann, insbesondere Hühner und Kühe. Die, die ich am meisten hasse, sind Schlangen und Bienen."

Chapter 4

POSSESSIVES

Keywords: Meine, ihre, unsere, deine.

It is not mine	Das gehört nicht mir
I eat my sandwich	Ich esse mein Sandwich
My cats drink milk	Meine Katzen trinken Milch
The dogs are mine	Die Hunde gehören mir
The dog is mine	Der Hund gehört mir
My apples are on the plate	Meine Äpfel liegen auf dem Teller
She is my girl	Sie ist mein Mädchen
The cat is not mine	Die Katze gehört nicht mir
Is it yours?	Ist es deins?
We drink yours	Wir trinken deine
Your sandwiches	Deine Sandwiches
The kitchen is yours	Die Küche gehört dir
He has your plate	Er hat deinen Teller
Your kitchen has a bowl	Ihre Küche hat eine Schüssel
I am eating yours	Ich esse dein
Your salt	Dein Salz
The forks are yours	Die Gabeln gehören Ihnen
I eat your sandwiches	Ich esse deine Sandwiches
Her pasta is in the plate	Ihre Pasta ist auf dem Teller
The candies are hers	Die Süßigkeiten gehören ihr
His horse eats the rice	Sein Pferd isst den Reis
I have his bottles	Ich habe seine flaschen

The fork is hers	Die Gabel gehört ihr
Your butterflies	Deine Schmetterlinge
The oil is his	Das Öl gehört ihm

TRAINING TIME

The animal eats its food	Das Tier isst seine Nahrung
It is ours	Es ist unser
We write in our menu	Wir schreiben in unsere Speisekarte
Our pasta is in the plate	Unsere Pasta ist in der Platte
The horses are not ours	Die Pferde gehören nicht uns
The bee is ours	Die Biene gehört uns
The cats are ours	Die Katzen gehören uns
His cats eat the mouse	Seine Katzen fressen die Maus
I have our cow	Ich habe unsere kuh
She eats her own candy	Sie isst ihre eigene Süßigkeit
Your knife does not cut	Ihr Messer schneidet nicht
Our cats do not drink water	Unsere Katzen trinken kein Wasser
He has his own cats	Er hat seine eigenen Katzen
The woman has your glasses	Die Frau hat deine Brille
We eat our cakes	Wir essen unsere Kuchen
I do not have your bottles	Ich habe keine Flaschen
The animal eats its own food	Das Tier isst sein eigenes Futter

The boy eats his own cookies	Der Junge isst seine eigenen Kekse
Your duck drinks water	Deine Ente trinkt Wasser
Your animals eat more meat	Ihre Tiere essen mehr Fleisch
My dad drinks wine	Mein Vater trinkt Wein
The apples are ours	Die Äpfel gehören uns
I want my bread	Ich will mein Brot

TRAINING TIME

STORY MODE

ENGLISH

"The dress is similar to mine." Miss Alessia said.

"Most of the clothes in our store are similar with some minor differences ... Look, this has red ribbons, while yours is blue." Mr. Laurent answered.

"Look at that man for example, he also bought something similar for his daughter, but it has a bag."

"I understand, you're right." Miss Alessia said.

GERMAN

"Das Kleid ist meinem ähnlich", sagte Frau Alessia.

"Die meisten Klamotten in unserem Shop sind ähnlich, mit ein paar kleinen Unterschieden - sehen Sie, das rote Bänder hat, während Ihr Kleid blau ist."

"Sehen Sie sich den Mann an, er hat etwas Ähnliches für seine Tochter gekauft, aber er hat eine Tasche."

"Ich verstehe, dass Sie recht haben", sagte Miss Alessia.

Chapter 5

CLOTHING

Keywords: Schmuck, Kleidung, Schuh, Hose, Tasche, Sandale.

The pants	Die Hose
The tie	Die Krawatte
The belt	Der Gürtel
The costume	Das Kostüm
The skirt	Der Rock
The shirt	Das Hemd
The shoes	Die Schuhe
The clothes	Die Kleidung
The handbag	Die Handtasche
The hat	Der Hut
The hats	Die Hüte
The hat is purple	Der Hut ist lila
The dress	Das Kleid
The pockets	Die Taschen
My shoe	Mein Schuh
Her pants	Ihre Hose
He has my coat	Er hat meinen Mantel
My shirts	Meine Kurzarmhemden
My jacket is brown	Meine Jacke ist braun
I have your belt	Ich habe deinen Gürtel
My pants	Meine Hosen
I have a skirt	Ich habe einen Rock
I have shirts	Ich habe Hemden
I have your shoes	Ich habe deine Schuhe
The knife is in the boot	Das Messer ist im Kofferraum

TRAINING TIME

The coat	Der Mantel
The jacket	Die Jacke
The boot	Das Boot
A uniform	Eine Uniform
A stocking	Ein Strumpf
A sweater	Ein Pullover
The suit	Der Anzug
I have an umbrella	Ich habe einen Regenschirm
The wallets are ours	Die Geldbörsen gehören uns
I have my wallet	Ich habe meine Geldbörse
I have the jewelery	Ich habe den Schmuck
She buys the boots	Sie kauft die Stiefel
A blue shoe	Ein blauer Schuh
My sandals	Meine Sandalen
The gloves are yours	Die Handschuhe gehören dir
The man has the leather	Der Mann hat das Leder
It is a sandal	Es ist eine Sandale
His socks	Seine Socken
It is a skirt	Es ist ein Rock
Her skirts are red	Ihre Röcke sind rot
Our shirts	Unsere Hemden
You need a white skirt	Du brauchst einen weißen Rock
The dress is his	Das Kleid ist seins
The book is black	Das Buch ist schwarz
He eats red meat	Er isst rotes Fleisch

TRAINING TIME

STORY MODE

ENGLISH

Niko: "Those shoes are very beautiful, they seem expensive."

Lisa: "Yes, I needed new clothes, so today I went shopping."

Niko: "Fantastic! what else did you buy?"

Lisa: "First, I bought a new dress for work and the yellow belt I was looking for last summer. Then I bought pants, a white dress, a coat for my mother and a pair of shirts for my father.
As I left, I saw the boots under a pair of skirts, and decided to get them for you, along with a sweater."

Niko: "Thank you very much, I appreciate it."

"Today is very windy." Miss Alessia said as they left the mall.
"This is a sign that summer is ending." Laurent answered.
"I wish I had a jacket and a pair of socks."
"I think I have some socks in my bag." Mr. Laurent said.
"Do not worry, I can buy one in that other clothing store, I can see some good glasses for sale at the window!"

GERMAN

Niko: "Diese Schuhe sind sehr schön, sie wirken teuer."

Lisa: "Ja, ich brauchte neue Kleider, also ging ich heute einkaufen."

Niko: "Fantastisch! was hast du sonst noch gekauft?"

Lisa: "Zuerst habe ich ein neues Kleid für die Arbeit und den gelben Gürtel gekauft, den ich letzten Sommer gesucht habe. Dann kaufte ich eine Hose, ein weißes Kleid, einen Mantel für meine Mutter und ein Paar Hemden für meinen Vater.

Als ich ging, sah ich die Stiefel unter einem Rock und beschloss, sie zusammen mit einem Pullover für Sie zu besorgen."

Niko: "Vielen Dank, ich weiß es zu schätzen."

"Heute ist sehr windig", sagte Miss Alessia, als sie das Einkaufszentrum verließen.

"Dies ist ein Zeichen dafür, dass der Sommer zu Ende geht", antwortete Laurent.

"Ich wünschte, ich hätte eine Jacke und ein Paar Socken."

"Ich glaube, ich habe ein paar Socken in meiner Tasche", sagte Mr. Laurent.

"Keine Sorge, ich kann eine in dem anderen Bekleidungsgeschäft kaufen, ich kann ein paar gute Gläser am Fenster kaufen!"

Chapter 6

QUESTIONS

Keywords: Was, wer, warum, wie viele, wie.

Question	**Frage**
Which?	**Welche?**
Who?	**Wer?**
What?	**Was?**
Why?	**Warum?**
Where?	**Woher?**
How much is it?	**Wie viel kostet das?**
How many girls eat?	**Wie viele Mädchen essen?**
How much bread do you eat?	**Wie viel Brot isst du?**
How much meat	**Wie viel Fleisch?**
How many boys eat fish?	**Wie viele Jungen essen Fisch?**
Which is the dog?	**Welcher ist der Hund?**
How?	**Wie?**
How do you write a letter?	**Wie schreibt man einen Brief?**
Who reads?	**Wer liest**
What is it?	**Was ist es?**
Which is it?	**Welches ist es?**
Which is your penguin?	**Welcher ist dein Pinguin?**
Where is the snake?	**Wo ist die Schlange?**
Where is the cook?	**Wo ist der Koch?**
Where is the zoo?	**Wo ist der Zoo?**
Which men read the newspaper?	**Welche Männer lesen die Zeitung?**
Who is the boy?	**Wer ist der Junge?**
Who is Marco?	**Wer ist Marco?**
Who are you?	**Wer bist du?**

TRAINING TIME

Which?	Welche?
What?	Was?
How?	Wie?
Which apples?	Welche Äpfel?
Which boy?	Welcher Junge?
What am I?	Was bin ich?
What do you read?	Was liest du?
Who drinks milk?	Wer trinkt Milch?
Which turtles?	Welche Schildkröten?
What's your question?	Was ist deine Frage?
He reads the question	Er liest die Frage
How many books are ours?	Wie viele Bücher gehören uns?
Where are the questions?	Wo sind die fragen
Your question has no answer	Ihre Frage hat keine Antwort
Where are you?	Wo sind Sie?
When do you eat?	Wann isst du?
My answer is no	Meine Antwort ist nein
The answer is yes	Die Antwort ist ja
Since when?	Seit wann?
Who are you with?	Mit wem sind Sie zusammen?
How old is he?	Wie alt ist er?
Why is he late?	Warum ist er zu spät?
How many girls eat?	Wie viele Mädchen essen?
I have a question	Ich habe eine Frage
Which is your book?	Welches ist dein Buch?

TRAINING TIME

STORY MODE

ENGLISH

"Hi, Miss Anna, this is Niko, a food research consultant who conducts research for Simpleway Labs, and today I'd like to ask you a few questions if you do not mind."

"Sure, proceed."

"Thank you."

"First question, do you eat at least three times a day?"

"Yes."

"When do you feel hungriest?"

"In the morning, that's why I never miss breakfast."

"Where do you have breakfast?"

"On the way to work."

"What do you prefer, eggs and bacon or vegetarian sandwiches?"

"Eggs and bacon, I'm not a vegetarian."

"How do you like eggs? Cooked, fried or scrambled?"

"I like to boil, especially before going to the gym. Other times I like to fry."

"What brand of eggs do you buy?"

"SW eggs."

"How many boxes do you buy in a month?"

"Seven."

"How much does a box cost?"

"Ten dollars."

"Do you watch any egg cooking programs?"

"Yes."

"What is your favorite and why?"

"I do not have a particular favorite, but I like Bernado's eggs."

"Thank you for your time."

GERMAN

"Hallo, Miss Anna, das ist Niko, ein Berater für Lebensmittelforschung, der für Simpleway Labs forscht. Heute möchte ich Ihnen ein paar Fragen stellen, wenn Sie nichts dagegen haben."

"Sicher, fahren Sie fort."

"Vielen Dank."

"Erste Frage, essen Sie mindestens dreimal am Tag?"

"Ja."

"Wann fühlst du dich hungrig?"

"Morgen früh vermisse ich das Frühstück nie."

"Wo frühstückst du?"

"Auf dem Weg zur Arbeit."

"Was bevorzugen Sie, Eier und Speck oder vegetarische Sandwiches?"

"Eier und Speck, ich bin kein Vegetarier."

"Wie magst du Eier? Gekocht, gebraten oder geröstet?"

"Ich koche gerne, besonders bevor ich ins Fitnessstudio gehe. Zu anderen Zeiten brät ich gerne."

"Welche Eiermarke kaufst du?"

"SW-Eier."

"Wie viele Kisten kaufst du in einem Monat?"

"Sieben."

"Wie viel kostet eine Box?"

"Zehn Dollar."

"Sehen Sie irgendwelche Eierkochprogramme?"

"Ja."

"Was ist dein Favorit und warum?"

"Ich habe keinen besonderen Favoriten, aber ich mag Bernados Eier."

"Vielen Dank für Ihre Zeit."

Chapter 7

VERBS

Keywords: Ich kann, gehen, bringen, wissen, reden.

I drink	Ich trinke
How are you?	Wie geht es dir?
I want a tomato soup	Ich möchte eine Tomatensuppe
No, you can't	Nein, das geht nicht
Who is coming to the restaurant?	Wer kommt ins Restaurant?
You make a sandwich	Du machst ein Sandwich
We have a kitchen	Wir haben eine Küche
They have books	Sie haben Bücher
I have a knife	Ich habe ein Messer
They are men	Sie sind Männer
I am a girl	Ich bin ein mädchen
How many of you are there?	Wie viele von euch sind da?
We are boys	Wir sind Jungs
The man goes	Der Mann geht
I don't know	Ich weiß es nicht
The woman gives cookies to the boy	Die Frau gibt dem Jungen Kekse
I can't find the girl	Ich kann das Mädchen nicht finden
The horse sees the cat	Das Pferd sieht die Katze
I know the women	Ich kenne die Frauen
The boy says hello	Der Junge sagt Hallo
She takes my sugar	Sie nimmt meinen Zucker
The coffee arrives	Der Kaffee kommt an
She speaks	Sie spricht
He speaks	Er spricht
I ask for a steak	Ich bitte um ein Steak

TRAINING TIME

She wears my shoes	Sie trägt meine Schuhe
I do not put sugar in tea	Ich lege keinen Zucker in Tee
They do not think	Sie denken nicht
The men think	Die Männer denken
When does the bread arrive?	Wann kommt das Brot an?
I do not understand why	ich verstehe nicht warum
The animal remains in the zoo	Das Tier bleibt im Zoo
We hear the bird	Wir hören den Vogel
She leaves a candy	Sie hinterlässt eine Süßigkeit
The coffee becomes sweet	Der Kaffee wird süß
Where do you keep the bread?	Wo bewahrst du das Brot auf?
We believe	Wir glauben
She leaves the boy	Sie verlässt den Jungen
I use the spoon	Ich benutze den Löffel
I remember the menu	Ich erinnere mich an das Menü
How do they live?	Wie leben sie?
You eat	Du isst
You work	Du arbeitest
You enter?	Du betrittst?
You open the books	Sie öffnen die Bücher
You wait	Sie warten
You drink	Du trinkst
He finishes dinner	Er beendet das Abendessen
How do you finish the cake?	Wie machst du den Kuchen?
We finish the cake	Wir beenden den Kuchen

TRAINING TIME

The woman eats fish	Die Frau isst Fisch
The lion likes the meat	Der Löwe mag das Fleisch
I eat an apple	Ich esse einen Apfel
We drink	Wir trinken
You talk to Filippo	Du sprichst mit Filippo
You need what?	Du brauchst was?
We wait for the beverage	Wir warten auf das Getränk
I need you	Ich brauche dich
I need a horse	Ich brauche ein Pferd
I speak	ich spreche
She leaves the coat	Sie verlässt den Mantel
The woman passes the man	Die Frau reicht den Mann
They need clothes	Sie brauchen Kleidung
She needs a coat	Sie braucht einen Mantel
I like sugar	Ich mag Zucker
The girl waits for lunch	Das Mädchen wartet auf das Mittagessen
You talk to Sara	Du sprichst mit Sara
We need you	Wir brauchen dich
We do not speak	Wir sprechen nicht
She looks and reads	Sie schaut und liest
She does not find her keys	Sie findet ihre Schlüssel nicht
He arrives with the snake	Er kommt mit der Schlange an
We like pineapples	Wir mögen Ananas
He brings potatoes	Er bringt Kartoffeln mit
He brings bread	Er bringt Brot

TRAINING TIME

We follow you	Wir folgen dir
She walks	Sie läuft
I forgive you	Ich vergebe dir
They love coffee	Sie lieben Kaffee
The girl puts on the dress	Das Mädchen zieht das Kleid an
He follows the man	Er folgt dem Mann
He loves animals	Er liebt Tiere
She stops	Sie bleibt stehen
He tries	Er versucht
I return	Ich komme zurück
The lion feels hungry	Der Löwe fühlt sich hungrig
They find the spoon	Sie finden den Löffel
We arrive	Wir kommen an
The horses stop	Die Pferde halten an
We look at the menu	Wir schauen uns die Speisekarte an
They open the books	Sie öffnen die Bücher
They like apples	Sie mögen Äpfel
I open the can	Ich öffne die Dose
I move	ich bewege
He pays	Er zahlt
The boy forgets the belt	Der Junge vergisst den Gürtel
He departs	Er geht ab
She buys shoes	Sie kauft Schuhe
He shows his cards	Er zeigt seine Karten
He sleeps and I cook	Er schläft und ich koche

TRAINING TIME

Have	Haben
Write	Schreiben
I run	Ich renne
You run	Sie laufen
I sleep	Ich schlafe
They pay	Sie bezahlen
We sleep	Wir schlafen
I play with Paulinho	Ich spiele mit Paulinho
I do not buy salad	Ich kaufe keinen Salat
They play	Sie spielen
We play with the horses	Wir spielen mit den Pferden
She reads a book	Sie liest ein Buch
The man wins a belt	Der Mann gewinnt einen Gürtel
The girl asks	Das Mädchen fragt
I keep the fantasy	Ich halte die Fantasie
The man likes rice with pepper	Der Mann mag Reis mit Pfeffer
I show my costume	Ich zeige mein Kostüm
He does not change	Er ändert sich nicht
He keeps the farm	Er behält die Farm
She presents the secretary	Sie präsentiert die Sekretärin
He introduces the woman	Er stellt die Frau vor
He does not exist	Er existiert nicht
They appear at night	Sie erscheinen nachts
The girl tries the soup	Das Mädchen probiert die Suppe
You take coffee to the director	Du bringst Kaffee zum Regisseur

TRAINING TIME

I dream about books	Ich träume von Büchern
He produces onion	Er produziert Zwiebeln
They taste the rice	Sie schmecken den Reis
Students present their work	Studenten präsentieren ihre Arbeit
They produce bread	Sie produzieren Brot
It seems familiar	Es scheint vertraut
She counts on her family	Sie zählt auf ihre Familie
She searches for her mother	Sie sucht nach ihrer Mutter
The lunch starts in a minute	Das Mittagessen beginnt in einer Minute
He does not count	Er zählt nicht
I respect the drivers	Ich respektiere die Fahrer
The shoes do not fit	Die Schuhe passen nicht
The deadline ends on Friday	Die Frist endet am Freitag
We count on you	Wir zählen auf dich
I start today	Ich fange heute an
They seem natural	Sie wirken natürlich
We respect your generation	Wir respektieren Ihre Generation
She signs	Sie unterschreibt
Why don't you come in?	Warum kommst du nicht rein?
He serves rice	Er serviert Reis
The door does not shut	Die Tür schließt nicht
The party depends on the architect	Die Partei hängt vom Architekten ab

We steal the crib	Wir stehlen die Krippe
It does not matter when you come	Es ist egal, wann Sie kommen
They sign the book	Sie unterschreiben das Buch

TRAINING TIME

The boys close the window	Die Jungs schließen das Fenster
They import your structure	Sie importieren Ihre Struktur
Where do I sign?	Wo unterschreibe ich?
He serves coffee	Er serviert Kaffee
The door does not shut	Die Tür schließt nicht
You choose the size	Sie wählen die Größe
If he hears you	Wenn er dich hört
There is a dog in the house	Es gibt einen Hund im Haus
He submits an answer	Er gibt eine Antwort ab
Do you sit on the floor?	Sitzst du auf dem Boden?
My children learn fast	Meine Kinder lernen schnell
We turn to the teacher	Wir wenden uns an den Lehrer
I listen because you speak	Ich höre zu, weil du sprichst
Don't they listen?	Hören sie nicht zu
My sister learns the colors	Meine Schwester lernt die Farben
A girl answers	Ein Mädchen antwortet
You lie	Du lügst
He explains the profession	Er erklärt den Beruf

Do you prefer apples or bananas?	Bevorzugen Sie Äpfel oder Bananen?
I don't lie	Ich lüge nicht
I offer him juice	Ich biete ihm Saft an
The animals don't lie	Die Tiere lügen nicht
I move the fridge	Ich bewege den Kühlschrank
The boy grows	Der Junge wächst
The baby cries	Das Baby schreit

TRAINING TIME

I agree	Genau
We agree	Sind wir uns einig
I sing	ich singe
I fly	ich fliege
I study	Ich studiere
He laughs	Er lacht
Tomorrow I explain why	Morgen erkläre ich warum
We build a family	Wir bauen eine Familie
We thank the judge	Wir danken dem Richter
They study in the afternoon	Sie lernen am Nachmittag
She lives in a large house	Sie wohnt in einem großen Haus
We hit a man	Wir schlagen einen Mann
The secretary offers coffee	Die Sekretärin bietet Kaffee an
The knife hits the wall	Das Messer schlägt gegen die Wand
They live in a big house	Sie wohnen in einem großen Haus
I offer her pasta	Ich biete ihr Nudeln an

The knife hits the man	Das Messer schlägt den Mann
We burn the cake	Wir verbrennen den Kuchen
The girls study together	Die Mädchen lernen zusammen
I suppose so	das nehme ich an
The postman travels with the daughter	Der Postbote reist mit der Tochter
The mother teaches her children	Die Mutter unterrichtet ihre Kinder
I deliver food	Ich liefern Essen
The woman wakes up	Die Frau wacht auf
He watches the birds	Er beobachtet die Vögel

TRAINING TIME

They set the table	Sie legen den Tisch
The shoes hurt the girl	Die Schuhe tun dem Mädchen weh
I train today	Ich trainiere heute
She sets the table	Sie setzt den Tisch
He delivers food	Er liefert Essen
I take care of my grandfather	Ich kümmere mich um meinen Großvater
He trains the boy	Er trainiert den Jungen
The bird flies in the bedroom	Der Vogel fliegt im Schlafzimmer
We cry like babies	Wir weinen wie Babys
He keeps the keys in the pocket	Er hält die Schlüssel in der Tasche
He studies day and night	Er studiert Tag und Nacht
Do you prefer rice or bread?	Bevorzugen Sie Reis oder Brot?

The mother wraps the baby in a blanket	Die Mutter wickelt das Baby in eine Decke
The family invites the writer to the dinner	Die Familie lädt den Schriftsteller zum Abendessen ein
What do you see?	Was siehst du?
We burn the rice	Wir verbrennen den Reis
We do not sleep	Wir schlafen nicht
You yell at them	Sie schreien sie an
They delay the lunch	Sie verzögern das Mittagessen
No, you do not walk	Nein, du gehst nicht
They burn the soup	Sie verbrennen die Suppe
I do not pay	Ich bezahle nicht
They fail	Sie versagen
We fail many times	Wir versagen viele Male
I do not fail	Ich versage nicht

TRAINING TIME

Where do they keep the salt?	Wo bewahren sie das Salz auf?
The lamp burns the towel	Die Lampe verbrennt das Handtuch
He assumes that we are human	Er nimmt an, dass wir Menschen sind
The sisters move the mirrors	Die Schwestern bewegen die Spiegel
The architect moves the lamp	Der Architekt bewegt die Lampe
I fill the bottle with oil	Ich fülle die Flasche mit Öl
The judge judges the bishop	Der Richter richtet den Bischof
She lives in my house	Sie wohnt in meinem Haus

She improves the menu	Sie verbessert das Menü
She carries the ladder	Sie trägt die Leiter
They cook the egg	Sie kochen das Ei
He has lunch	Er isst zu mittag
I do not hear	Ich höre nicht
They carry the books	Sie tragen die Bücher
Birds do not swim	Vögel schwimmen nicht
She does not ride a horse	Sie reitet nicht
He takes care of the animals	Er kümmert sich um die Tiere
They have books	Sie haben Bücher
You deliver the food	Sie liefern das Essen
We do not run	Wir rennen nicht
We want apples	Wir wollen Äpfel
Yes, I go	Ja ich gehe
I eat bread	Ich esse Brot
The boys drink water	Die Jungen trinken Wasser
I ask a question	Ich stelle eine Frage

TRAINING TIME

We go	Wir gehen
Can we?	Können wir?
I can	ich kann
You can	Sie können
You do not cook duck?	Sie kochen keine Ente?
My dad swims, your mom walks	Mein Vater schwimmt, deine Mutter geht
The boys see the bear	Die Jungs sehen den Bären
The husband kisses the wife	Der Ehemann küsst die Frau

I fill the bottle with water	Ich fülle die Flasche mit Wasser
I have an animal, it is a mouse	Ich habe ein Tier, es ist eine Maus
Which dresses do you want?	Welche Kleider willst du?
Marco wants a pink spider	Marco will eine rosa Spinne
You pay for the lunch	Sie zahlen für das Mittagessen
No, you are not going	Nein, du gehst nicht
Marco sleeps, Vanessa runs	Marco schläft, Vanessa rennt
We launch a new newspaper	Wir starten eine neue Zeitung
The dogs play	Die Hunde spielen
Kids do not pay	Kinder zahlen nicht
The boys do not go	Die Jungs gehen nicht
She goes, I go	Sie geht, ich gehe
The boys listen	Die Jungs hören zu
We do not pay	Wir zahlen nicht
The man points to the horse	Der Mann zeigt auf das Pferd
We make sauce	Wir machen Sauce
I find the dog	Ich finde den Hund

TRAINING TIME

Know	Kennt
Find	Finden
Game	Spiel
Samples	Proben
It rains	Es regnet
I know	Ich kenne
The bird does not speak	Der Vogel spricht nicht
You do not touch the onion	Sie berühren die Zwiebel nicht
They scream your name	Sie schreien deinen Namen
We do not touch the chicken	Wir berühren das Huhn nicht
The elephants want water	Die Elefanten wollen Wasser
The cat does not hear	Die Katze hört nicht
She speaks, they speak	Sie spricht, sie sprechen
They study the books	Sie studieren die Bücher
We find food	Wir finden Essen
The child plays	Das Kind spielt
I do not know	Ich weiß es nicht
There is no salt left	Es ist kein Salz mehr da
They follow their father	Sie folgen ihrem Vater
The woman tastes the bread	Die Frau schmeckt das Brot
You show your belt	Du zeigst deinen Gürtel
I dream about my girlfriend	Ich träume von meiner Freundin
They appear at night	Sie erscheinen nachts
I look for my dog	Ich suche meinen Hund

TRAINING TIME

We help	Wir helfen
Go back!	Geh zurück!
My aunt is alone	Meine Tante ist alleine
Vanessa closes the window	Vanessa schließt das Fenster
I am between you and him	Ich bin zwischen dir und ihm
They are secure	Sie sind sicher
We are at the dinner	Wir sind beim Abendessen
We remember our grandmother	Wir erinnern uns an unsere Großmutter
She looks for her cat	Sie sucht nach ihrer Katze
She closes the door	Sie schließt die Tür
Which dream?	Welcher Traum?
I think of you	ich denke an dich
They do not give food	Sie geben kein Essen
The dog helps the man	Der Hund hilft dem Mann
The chef weighs the meat	Der Koch wiegt das Fleisch
She looks to the window	Sie schaut zum Fenster
He comes with the girl	Er kommt mit dem Mädchen
They try the rice	Sie versuchen den Reis
I weigh my son	Ich wiege meinen Sohn
He shows the letters	Er zeigt die Buchstaben
We look at the menu	Wir schauen uns die Speisekarte an
I accept the sofa	Ich akzeptiere das Sofa

I respect women	Ich respektiere Frauen
He does not accept	Er akzeptiert nicht
She takes my sugar	Sie nimmt meinen Zucker

TRAINING TIME

She visits her family	Sie besucht ihre Familie
They drink wine	Sie trinken Wein
We think not	Wir denken nicht
She gives water	Sie gibt Wasser
I return with my dog	Ich komme mit meinem Hund zurück
He respects his wife	Er respektiert seine Frau
He visits the doctor	Er besucht den Arzt
She takes the hat	Sie nimmt den Hut
The bear does not fit through the door	Der Bär passt nicht durch die Tür
Yes, it seems familiar	Ja, es scheint bekannt zu sein
She starts tomorrow	Sie fängt morgen an
He serves the rice	Er serviert den Reis
Have you been to Milan?	Waren Sie schon in Mailand?
You do not count	Du zählst nicht
The month ends on Monday	Der Monat endet am Montag
You know my daughter	Du kennst meine Tochter
The shoes dont fit	Die Schuhe passen nicht
I start tomorrow	Ich fange morgen an
They seem natural	Sie wirken natürlich

He counts the sandwiches	Er zählt die Sandwiches
We serve the dinner	Wir servieren das Abendessen
He signs the book	Er unterschreibt das Buch
September ends	September endet
The mother blames the child	Die Mutter beschuldigt das Kind
She delivers the letter	Sie liefert den Brief

TRAINING TIME

What does he feel for her?	Was fühlt er für sie?
They import his crib	Sie importieren seine Krippe
He includes his mother	Er schließt seine Mutter mit ein
He enters the kitchen	Er betritt die Küche
They sign the book	Sie unterschreiben das Buch
I deliver food	Ich liefern Essen
No, the color is not important	Nein, die Farbe ist nicht wichtig
They include a different dress	Sie enthalten ein anderes Kleid
I import cheese	Ich importiere Käse
We sign his shirt	Wir unterschreiben sein Hemd
Mom, come in please	Mom, komm bitte rein
Depends	Hängt davon ab
He says	Er sagt
May starts tomorrow	Der Mai beginnt morgen
We open the book	Wir öffnen das Buch

My husband arrives late	Mein Mann kommt spät an
It needs work	Es braucht Arbeit
I say yes	Ich sage ja
You open the door	Du öffnest die Tür
We arrive tomorrow	Wir kommen morgen an
The farmers say that the book is good	Die Bauern sagen, dass das Buch gut ist
When do they arrive?	Wann kommen sie an?
He requires more food	Er braucht mehr Essen
When do you return?	Wann kommst du zurück?
I do not buy it	Ich kaufe das nicht

TRAINING TIME

I open the juice	Ich öffne den Saft
The painter depends on him	Der Maler hängt von ihm ab
Do you like summer?	Magst du den Sommer?
He does not doubt it	Er zweifelt nicht daran
We return very late	Wir kommen sehr spät zurück
She asks for an apple	Sie bittet um einen Apfel
I save my neighbor	Ich rette meinen Nachbarn
I do not like those telephones	Ich mag diese Telefone nicht
The boy buys a dog	Der Junge kauft einen Hund
She fills the bottle	Sie füllt die Flasche
I doubt, he doubts	Ich bezweifle, dass er zweifelt

We save the animals	Wir retten die Tiere
Does this bus stop in Jesolo?	Stoppt dieser Bus in Jesolo?
He continues his document	Er setzt sein Dokument fort
He wins twenty dollars	Er gewinnt zwanzig Dollar
I ask him	Ich frage ihn
He mixes the onion	Er mischt die Zwiebel
She posesses a red car	Sie besitzt ein rotes Auto
He does not ask	Er fragt nicht
I stand on the street	Ich stehe auf der straße
They mix juice and milk	Sie mischen Saft und Milch
I live in a city	Ich lebe in einer Stadt
They continue	Sie machen weiter
You earn a lot of money	Sie verdienen viel Geld
You ask the same thing as I do	Du fragst dasselbe wie ich

TRAINING TIME

Do you allow dogs?	Erlauben Sie Hunde?
Who receives the rabbit?	Wer erhält das Kaninchen?
He considers me a friend	Er hält mich für einen Freund
They use sugar	Sie verwenden Zucker
He adds salt to the soup	Er fügt der Suppe Salz hinzu
The car is worth a lot	Das Auto ist viel wert
Where do you live?	Wo wohnen Sie?
My partner allows it	Mein Partner erlaubt es

You use the computer	Sie benutzen den Computer
They consider me a friend	Sie betrachten mich als Freund
He lives in Germany	Er lebt in Deutschland
We live here	Wir leben hier
He recognizes her	Er erkennt sie
I spend money	Ich gebe Geld aus
He does not understand me	Er versteht mich nicht
She does not answer me	Sie antwortet mir nicht
The sandwich contains cheese	Das Sandwich enthält Käse
He beats his friend	Er schlägt seinen Freund
This interests a lot of people	Das interessiert viele Leute
I do not understand	Ich verstehe nicht
They defeat their enemies	Sie besiegen ihre Feinde
I spend too much	Ich gebe zu viel aus
You do not understand me	Du verstehst mich nicht
I cut the apple	Ich schneide den Apfel
You reserve a table	Sie reservieren einen Tisch

TRAINING TIME

I rest	Ich ruhe
I sing	Ich singe
I jump	Ich springe
I fly	Ich fliege
I drive	Ich fahre
I drive the car	Ich fahre das Auto
I reject him	Ich lehne ihn ab
He deals with the children	Er beschäftigt sich mit den Kindern
She improves the menu	Sie verbessert das Menü
I observe him	Ich beobachte ihn
He reaches for the hat	Er greift nach dem Hut
He affects me	Er beeinflusst mich
What is happening with you?	Was passiert mit dir?
I consult my boss	Ich konsultiere meinen Chef
I want a son	Ich will einen sohn
He reserves the table	Er reserviert den Tisch
We spend the day together	Wir verbringen den Tag zusammen
She loses her keys	Sie verliert ihre Schlüssel
I do not think so	Das glaube ich nicht
The children go through here	Die Kinder gehen hier durch
I pass the wine to my mother	Ich gebe den Wein an meine Mutter
You recognize his shirt	Du erkennst sein Hemd
The glass contains water	Das Glas enthält Wasser
My daughter wishes for a horse	Meine Tochter wünscht sich ein Pferd
He observes his daughter	Er beobachtet seine Tochter

TRAINING TIME

Now he tries this	Jetzt probiert er das aus
How much is it?	Wie viel kostet das?
How much is the beer?	Wie viel kostet das Bier?
He consults with Andrea	Er berät sich mit Andrea
He leaves the food at my house	Er lässt das Essen bei mir zu Hause
He expresses himself well	Er drückt sich gut aus
They set the table	Sie legen den Tisch
She creates a menu	Sie erstellt ein Menü
That bird does not fly	Dieser Vogel fliegt nicht
The birds fly	Die Vögel fliegen
I put it here	Ich habe es hier hingestellt
You never lose	Du verlierst nie
He does not treat Dani well	Er behandelt Dani nicht gut
I use the London Underground	Ich benutze die Londoner U-Bahn
My name is Carlito	Ich heiße Carlito
The month ends tomorrow	Der Monat endet morgen
She believes that it is late	Sie glaubt, dass es spät ist
He walks with my sister	Er geht mit meiner Schwester
He belongs here	Er gehört hierher
You do not belong here	Du gehörst hier nicht hin

You don't believe me	Du glaubst mir nicht
I dry the shirt	Ich trockne das Shirt
She walks with my friend	Sie geht mit meiner Freundin
He falls down	Er fällt hin
Lift the plate	Heben Sie die Platte an

TRAINING TIME

Feel	Gefühl
My mother uses the oven	Meine Mutter benutzt den Ofen
They go out everyday	Sie gehen jeden Tag aus
My son does not hate you	Mein Sohn hasst dich nicht
He dries his shoes	Er trocknet seine Schuhe
The doctor cures me	Der Arzt heilt mich
I do not need my letters	Ich brauche meine Briefe nicht
They offer more money	Sie bieten mehr Geld
The shooting gallery	Der Schießstand
I do not need more meat	Ich brauche kein Fleisch mehr
Turn here	Hier drehen
I hate Mondays	Ich hasse Montage
She gets up at seven	Sie steht um sieben auf
I dry my shirt	Ich trockne mein Hemd
The train leaves at nine	Der Zug fährt um neun Uhr ab
She needs it	Sie braucht es

I leave tomorrow	Ich gehe morgen
She offers me her car	Sie bietet mir ihr Auto an
He waits five years	Er wartet fünf Jahre
I discard the food	Ich verwerfe das Essen
We need a table	Wir brauchen einen Tisch
We decide	Wir entscheiden
You wait for lunch	Du wartest auf das Mittagessen
We do not know the girl	Wir kennen das Mädchen nicht
The cat likes milk	Die Katze mag Milch

TRAINING TIME

STORY MODE

ENGLISH

Today is the first day of spring. Marco and Sebastien decided to go to the lake bar to see a friend and celebrate the new season. Dani wanted to go with them, but they did not approve of him because he was too young to drink. It was probably the best option, because when they approached the bar, the boys saw a bear walking towards them. If Dani had come, he would have fainted, but the boys were brave and remained perfectly still until he passed. Shortly thereafter, the boys entered the bar and watched an argument.

"Men pay, I dance, I do not pay." Adriana shouted.

"It's not possible to have both, Adriana, we can not pay a salary and still give drinks and food for free." The director of the bar said.

"No problem, we will pay for everything.", said Marco.

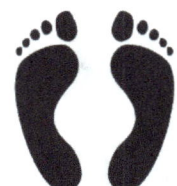

GERMAN

Heute ist der erste Frühlingstag. Marco und Sebastien beschlossen, in der Lake Bar einen Freund zu treffen und die neue Saison zu feiern. Dani wollte mit ihnen gehen, aber sie billigten ihn nicht, weil er zu jung war, um zu trinken. Das war wahrscheinlich die beste Option, denn als sie sich der Bar näherten, sahen die Jungen einen Bären, der auf sie zuging. Wenn Dani gekommen wäre, wäre er ohnmächtig geworden, aber die Jungen waren mutig und blieben ganz still, bis er vorbeiging. Kurz darauf betraten die Jungs die Bar und wurden Zeuge eines Kampfes.

"Männer zahlen, ich tanze, ich bezahle nicht." Weinte Adriana

"Es ist nicht möglich, beides zu haben, Adriana, wir können kein Gehalt bezahlen und trotzdem Getränke und Essen kostenlos geben." Sagte der Direktor der Bar.

Chapter 8

PREPOSITIONS

Keywords: Von, in, bis, auf, mit, zwischen, von, ohne, mit.

They write to the women	Sie schreiben an die Frauen
The boys read to the men	Die Jungs lasen den Männern vor
We give the bread to the duck	Wir geben der Ente das Brot
The girl does not like the juice	Das Mädchen mag den Saft nicht
Who is coming to the zoo	Wer kommt in den Zoo?
They are at lunch	Sie sind beim Mittagessen
We are at dinner	Wir sind beim Abendessen
I think about Lisa	Ich denke an Lisa
I am at the zoo	Ich bin im Zoo
He lives in Mexico	Er lebt in Mexiko
Who believes in the children?	Wer glaubt an die Kinder?
They write about her	Sie schreiben über sie
The oil is in the bottle	Das Öl ist in der Flasche
I drink orange juice	ich trinke Orangensaft
I am in the newspapers	Ich bin in den Zeitungen
He cooks in the kitchen	Er kocht in der Küche
I want a plate of rice	Ich will einen Teller Reis
We drink from glasses	Wir trinken aus Gläsern

I come from the zoo	Ich komme aus dem Zoo
Meat comes from animals	Fleisch kommt von Tieren
The food is on the plate	Das Essen steht auf dem Teller
I write on the recipe	Ich schreibe auf das Rezept
The milk comes from the cow	Die Milch stammt von der Kuh
I go towards the horse	Ich gehe auf das Pferd zu
It is for her	Es ist für sie

TRAINING TIME

Fish live in water	Fische leben im Wasser
The forks are on the plates	Die Gabeln liegen auf den Tellern
The ant is on the sugar	Die Ameise ist auf dem Zucker
We believe in the men	Wir glauben an die Männer
According to the boy, she does not eat chicken	Laut dem Jungen isst sie kein Huhn
She comes from the restaurant	Sie kommt aus dem Restaurant
We put sugar on the cakes	Wir geben Zucker auf die Kuchen
We buy fruit from the boys	Wir kaufen Obst von den Jungs
The lemonade is in the bottles	Die Limonade ist in den Flaschen
They are between us	Sie sind zwischen uns
I cook fish with salt	Ich koche Fisch mit Salz
He looks at you	Er sieht dich an

The egg is not on the plate	Das Ei liegt nicht auf dem Teller
I go towards him	Ich gehe auf ihn zu
According to her, it is not a fish	Ihrer Meinung nach ist es kein Fisch
The meat comes from the duck	Das Fleisch kommt von der Ente
Except the wine	Außer dem Wein
Except the beer	Außer dem Bier
Until when?	Bis wann
I have the man's plate	Ich habe den Teller des Mannes
She eats the salad without oil	Sie isst den Salat ohne Öl
He has horses	Er hat Pferde
We talk about books	Wir reden über Bücher
I ask him	ich frage ihn
Do you want some sugar?	Willst du etwas Zucker?

TRAINING TIME

We live along the water	Wir leben am Wasser
The spider is on the animal	Die Spinne ist auf dem Tier
The books come from the women	Die Bücher stammen von den Frauen
We drink the wine during dinner	Wir trinken den Wein während des Abendessens
We buy the shoes despite the color	Wir kaufen die Schuhe trotz der Farbe
We eat rice with chicken	Wir essen Reis mit Hühnchen
I eat fruit, except for apples	Ich esse Obst, außer Äpfel

Do you take your coffee without sugar?	Nimmst du deinen Kaffee ohne Zucker?
What is the color of the boots?	Welche Farbe haben die Stiefel?
The girl's cat is white	Die Katze des Mädchens ist weiß
The ant is on the orange	Die Ameise steht auf der Orange
The girls shoes are black	Die Mädchen Schuhe sind schwarz
It is not the man's fork	Es ist nicht die Gabel des Mannes
The boys dogs drink water	Die Jungenhunde trinken Wasser
I eat one of your apples	Ich esse einen deiner Äpfel
The woman likes these clothes	Die Frau mag diese Kleider
It is a glass without a cover	Es ist ein Glas ohne Deckel
Who likes the flavor of fish?	Wer mag den Geschmack von Fisch?

TRAINING TIME

Chapter 9

DATES AND TIME

Keywords: Woche, Monat, Sekunde, Jahr, Tag, Herbst.

Night	Nacht
Day	Tag
The date	Das Datum
The calendar	Der Kalender
From July to September	Von Juli bis September
April ends today	Der April endet heute
March comes between February and April	März kommt zwischen Februar und April
See you tomorrow!	Bis morgen!
We are in January	Wir sind im Januar
It is yesterday's bread	Es ist das Brot von gestern
I have a dinner with him in January	Ich gehe im Januar mit ihm zu Abend
Yesterday the men, today the women	Gestern die Männer, heute die Frauen
What do they eat in February?	Was essen sie im Februar?
March ends today	Der März endet heute
It is August	Es ist August
It is November	Es ist November
May does not end today	Der Mai endet nicht heute
Tomorrow is Thursday	Morgen ist Donnerstag
We write to them in October	Wir schreiben ihnen im Oktober
It is a Monday	Es ist Montag
Do you work Saturdays?	Arbeitest du samstags
Today is Friday	Heute ist Freitag

Today is Monday	Heute ist Montag
Today is Saturday	Heute ist Samstag
He dies in December	Er stirbt im Dezember
The restaurant opens in June	Das Restaurant öffnet im Juni
I eat steak on Friday	Ich esse am Freitag ein Steak
We eat cheese on Wednesday	Wir essen am Mittwoch Käse
On Tuesdays I eat cheese	Dienstags esse ich Käse
The spring	Der Frühling
The winter	Der Winter
I spend the summer with him	Ich verbringe den Sommer mit ihm
I drink coffee in the morning	Ich trinke morgens Kaffee
Today is Sunday	Heute ist Sonntag
I eat at noon	Ich esse mittags
The dogs like the fall	Die Hunde mögen den Herbst
The cake is for Sunday	Der Kuchen ist für Sonntag
In London it is spring	In London ist es Frühling
I eat chocolate in the afternoon	Ich esse nachmittags Schokolade
I work at night	Ich arbeite Nachts
He works until midnight	Er arbeitet bis Mitternacht
Friday and Saturday nights	Freitag-und Samstag-nachts
It is time for cake	Es ist Zeit für Kuchen
Where do we go tonight?	Wohin gehen wir heute Abend?
One moment please!	Einen Moment bitte!

I work tonight	Ich arbeite heute Nacht
I work at night	Ich arbeite Nachts
The minutes and the hours pass	Die Minuten und Stunden vergehen
The weeks of the month	Die Wochen des Monats
The seconds pass	Die Sekunden vergehen

TRAINING TIME

Tuesday is a day of the week	Dienstag ist ein Tag der Woche
It is dinner time	Es ist Abendessen
Do you have a minute?	Hast du eine Minute?
I can't wait	Ich kann nicht warten
We drink one bottle per hour	Wir trinken eine Flasche pro Stunde
A century is not a year	Ein Jahrhundert ist kein Jahr
In a month	In einem Monat
The minutes and the hours pass	Die Minuten und Stunden vergehen
The decade ends today	Das Jahrzehnt endet heute
The party is tomorrow	Die Party ist morgen
Tomorrow is my birthday	Morgen ist mein Geburtstag
The period ends in April	Die Periode endet im April
Years or months?	Jahre oder Monate
The centuries pass	Die Jahrhunderte vergehen
They work for decades	Sie arbeiten seit Jahrzehnten
What is today's date?	Welches Datum ist heute?

You are late this morning	Du bist heute morgen zu spät
It is late	Es ist spät
See you soon!	Bis bald!
I do not have time	Ich habe keine Zeit
One month ago	Vor einem Monat
He eats with us weekly	Er isst wöchentlich mit uns
What are you drinking this morning?	Was trinkst du heute morgen?
The woman has a calendar	Die Frau hat einen Kalender
Spring is a season	Der Frühling ist eine Jahreszeit

TRAINING TIME

Minutes and seconds	Minuten und Sekunden
The hours of the day	Die Stunden des Tages
Weeks and months	Wochen und Monate
The dawn	Die Morgendämmerung
The season	Die Saison
During the night	Während der Nacht
How many minutes?	Wie viele Minuten?
He arrives on Thursday	Er kommt am Donnerstag an
Where is the beginning?	Wo ist der anfang
August and September are months of the year	August und September sind Monate des Jahres
I work in that period	Ich arbeite in dieser Zeit

I walk in the morning	Ich gehe am Morgen
What is the date today?	Der wievielte ist heute?
They go to festivals	Sie gehen zu Festivals
I do not work on Mondays	Ich arbeite nicht montags
I do not run in October	Ich laufe nicht im Oktober
A minute is an instant	Eine Minute ist ein Moment
The summer is for the youth	Der Sommer ist für die Jugend
Her anniversary is in july	Ihr Jubiläum ist im Juli
The birth of the century	Die Geburt des Jahrhunderts
How long is the cycle?	Wie lang ist der Zyklus?
The letters do not have dates	Die Briefe haben kein Datum
The seconds in the day	Die Sekunden am Tag
The winter is long	Der Winter ist lang
Monday, Tuesday, and Wednesday	Montag, Dienstag und Mittwoch

TRAINING TIME

My son Mateo, is one year old	Mein Sohn Mateo ist ein Jahr alt
I need a second	Ich brauche eine Sekunde
On Saturdays, we eat meat	Samstags essen wir Fleisch
Sometimes yes and sometimes no	Manchmal ja und manchmal nein

Friedrich drinks beer on Monday, Tuesday, and Wednesday	Friedrich trinkt Bier am Montag, Dienstag und Mittwoch
We do not have a date	Wir haben kein Datum
My aunt Lydia came yesterday	Meine Tante Lydia ist gestern gekommen
October and December are months of the year	Oktober und Dezember sind Monate des Jahres
March, April, May and June	März, April, Mai und Juni
My grandmother does not run in February	Meine Großmutter läuft nicht im Februar
One Friday in May	Ein Freitag im Mai
As of today	Ab heute
He writes in November	Er schreibt im November
I do not eat fish in August	Ich esse im August keinen Fisch
From September to December	Von September bis Dezember
Winter is a season	Der Winter ist eine Jahreszeit
In a while we eat	In einer Weile essen wir
The parties are not tomorrow	Die Parteien sind nicht morgen
I walk in the morning	Ich gehe am Morgen
The vacation is in August	Der Urlaub ist im August
I eat at noon	Ich esse mittags
I have an appointment with her today	Ich habe heute einen Termin mit ihr

TRAINING TIME

STORY MODE

ENGLISH

"January, February and March are the best months of my work."

"Why do you say that?"

"Because in January the rains stop completely, and it is easier to clean the earth for construction. The grass is dry, and weeds do not grow quickly.

In February, the prices of iron and cement decrease, and I can buy what I need for my work at lower prices. In March, I earn a little more, which helps speed up the work."

"I see, what happens in the other months?"

"The stones are cheaper in April, the job starts in June and continues until July, the rains come in August and are more intense in September and October, and in December we go back home for the Christmas holidays."

GERMAN

"Januar, Februar und März sind die besten Monate meiner Arbeit."

"Warum sagst du das?"

"Im Januar hört der Regen auf und der Boden ist leichter zu reinigen, das Gras ist trocken und das Unkraut wächst nicht schnell.

Die Eisen- und Zementpreise fallen im Februar und ich kann das, was ich für meine Arbeit brauche, zu niedrigeren Preisen kaufen. Im März verdiene ich etwas mehr, was die Arbeit beschleunigt."

"Ich verstehe, aber was passiert in den anderen Monaten?"

"Die Steine sind billiger im April, der Job beginnt im Juni und dauert bis Juli, die Regenfälle kommen im August und sind im September und Oktober intensiver, und im Dezember schließen wir zu Weihnachten."

11/18/2018

Chapter 10

FAMILY

Keywords: Vater, Mutter, Kinder, Onkel, Brüder, Cousins.

The family	Die Familie
The father	Der Vater
The mother	Die Mutter
Son	Sohn
Daughter	Tochter
Children	Kinder
The brother	Der Bruder
Sisters	Schwestern
The grandfather	Der Großvater
The grandmother	Die Großmutter
Husband	Mann
The baby	Das Baby
He and my mother are siblings	Er und meine Mutter sind Geschwister
I want sons and daughters	Ich will Söhne und Töchter
We are brother and sister	Wir sind Geschwister
My father has a restaurant	Mein Vater hat ein Restaurant
My parents eat rice	Meine Eltern essen Reis
My daughter wants a watch	Meine Tochter will eine Uhr
My mother's sisters do not eat chicken	Die Schwestern meiner Mutter essen kein Huhn
They are my brothers	Sie sind meine Brüder
I have a sister	Ich habe eine Schwester
Their children drink milk	Ihre Kinder trinken Milch

We are husband and wife	Wir sind Mann und Frau
We are cousins	Wir sind Cousins
He is not my cousin	Er ist nicht mein Cousin

TRAINING TIME

Hello grandfather!	Hallo Großvater!
The wife of my uncle is my aunt	Die Frau meines Onkels ist meine Tante
They are wives	Sie sind Ehefrauen
We go to grandma's	Wir gehen zu Omas
I eat with my aunt	Ich esse mit meiner Tante
The juice is for my grandmother	Der Saft ist für meine Großmutter
Mom, where is dad?	Mama, wo ist Papa?
We have names and surnames	Wir haben Namen und Nachnamen
How do we write her surname?	Wie schreiben wir ihren Nachnamen?
You are like your mom	Du bist wie deine Mutter
Thanks dad!	Danke Vater!
She is like her mom	Sie ist wie ihre Mutter
What is your surname?	Was ist dein Nachname?
My niece has a dog	Meine Nichte hat einen Hund
The boy's dog	Der Hund des Jungen
We have a son and a cat	Wir haben einen Sohn und eine Katze
We are his children	Wir sind seine Kinder
Who are your parents?	Wer sind deine Eltern?
Dani is not your father	Dani ist nicht dein Vater

My child is from Italy	Mein Kind kommt aus Italien
Marco and Sebastien are my sons	Marco und Sebastien sind meine Söhne
Vanessa is not my mother	Vanessa ist nicht meine Mutter
Andrea is not my father	Andrea ist nicht mein Vater
Yes, Friedrich is my husband	Ja, Friedrich ist mein Ehemann
Leonardo is my brother	Leonardo ist mein Bruder

TRAINING TIME

I am his wife	Ich bin seine Frau
They are my uncles	Sie sind meine Onkel
She is my aunt	Sie ist meine Tante
She and my mother are sisters	Sie und meine Mutter sind Schwestern
You are our wives	Du bist unsere Frau
No, you do not have babies	Nein, du hast keine Babys
My mother is a grandmother	Meine Mutter ist eine Großmutter
Bauer is my grandfather	Bauer ist mein Großvater
My grandmother is Rosa	Meine Großmutter ist Rosa
My family is from Germany	Meine Familie kommt aus Deutschland
Thank you Grandma	Danke Großmutter
The blue hat is for my grandmother	Der blaue Hut ist für meine Großmutter
He is not my cousin	Er ist nicht mein Cousin

Marco and Sebastien are my cousins	Marco und Sebastien sind meine Cousins
Dani is my cousin	Dani ist meine Cousine
The white hat is not for my grandmother	Der weiße Hut ist nichts für meine Großmutter
We are cousins	Wir sind Cousins
Friedrich and Sonia have a baby	Friedrich und Sonia haben ein Baby
My wife is the mother of my sons	Meine Frau ist die Mutter meiner Söhne
After saying that, he left with his wife	Nachdem er das gesagt hatte, ging er mit seiner Frau
The soup is for Leonardo	Die Suppe ist für Leonardo
It is your creation	Es ist deine Schöpfung
He feels it	Er spürt es

TRAINING TIME

STORY MODE

ENGLISH

Clarisse: "Your little sister Elena, just sent me a picture on the Instagram app, there are a lot of people and it looks like a great family portrait."

Vanessa: "Yes, a photographer came to our house today and we took pictures to celebrate my grandfather's birthday."

"On the left are my brother and his wife, they are married and have just returned from their honeymoon, and on the right of them is my father, whom you have met countless times."

"This is the youngest member of the family, my niece Stella. She's just a girl, but she's very pretty."

"This is my mother and my uncle, the lawyer. my grandmother is sitting next to her husband, the celebrant, and on the floor, we have my cousins and my nephew."

Clarisse: "This is a great family photo."

Vanessa: "I know, I love it."

GERMAN

Clarisse: "Deine kleine Schwester Elena hat mir gerade ein Foto in der Instagram App geschickt, es gibt viele Leute und es sieht aus wie ein tolles Familienporträt."

Vanessa: "Ja, heute ist ein Fotograf zu uns nach Hause gekommen und wir haben Fotos gemacht, um den Geburtstag meines Großvaters zu feiern."

"Links sind mein Bruder und seine Frau, sie sind verheiratet und sind gerade von ihrer Hochzeitsreise zurückgekehrt, und rechts davon ist mein Vater, den Sie unzählige Male getroffen haben."

"Dies ist das jüngste Mitglied der Familie, meine Nichte Stella. Sie ist nur ein Mädchen, aber sie ist sehr hübsch."

"Das ist meine Mutter und mein Onkel, der Anwalt. Meine Großmutter sitzt neben ihrem Ehemann, dem Zelebranten, und auf dem Boden haben wir meine Cousins und meinen Neffen."

Clarisse: "Dies ist ein tolles Familienfoto."

Vanessa: "Ich weiß, ich liebe es."

Chapter 11

COLORS

Keywords: Farbig, schwarz, weiß, rot, gelb.

The color is green	Die Farbe ist grün
The sweater is blue	Der Pullover ist blau
A colored shirt	Ein farbiges Hemd
We buy the black pants	Wir kaufen die schwarzen Hosen
The woman has a brown belt	Die Frau hat einen braunen Gürtel
Her socks are gray	Ihre Socken sind grau
The shoes are blue	Die Schuhe sind blau
The color orange	Die Farbe Orange
The wool is purple	Die Wolle ist lila
The birds are yellow	Die Vögel sind gelb
My shirts are white	Meine Hemden sind weiß
She has red pants	Sie hat rote Hosen
The cat is not white	Die Katze ist nicht weiß
Where is my white shirt?	Wo ist mein weißes Hemd?
Her dress is black	Ihr Kleid ist schwarz
The coat is pink	Der Mantel ist rosa
The elephant is gray	Der Elefant ist grau
I do not know your favorite color	Ich kenne deine Lieblingsfarbe nicht
She wears red pants	Sie trägt eine rote Hose
It is the same color	Es ist die gleiche Farbe
Her blouse is green	Ihre Bluse ist grün

TRAINING TIME

Chapter 12

OCCUPATION

Keywords: Arbeit, Schaffner, Architekt, Soldat, Polizei.

The student	Der Student
The captain	Der Kapitän
The guard	Die Wache
The author	Der Autor
The writer	Der Schriftsteller
The artist	Der Künstler
The model	Das Model
The authority	Die Autorität
The doctor	Der Doktor
The soldier	Der Soldat
The king	Der König
The prince	Der Prinz
The farmer	Der Bauer
The architect	Der Architekt
The researcher	Der Forscher
The painter	Der Maler
The professionals	Die Profis
The bishop	Der Bischof
The judge	Der Richter
The teacher	Der Lehrer
The writer	Der Schriftsteller
The reader	Der Leser
The entrepreneur	Der Unternehmer
He is the engineer, she is the architect	Er ist der Ingenieur, sie ist die Architektin
The farmers work with cows and chickens	Die Bauern arbeiten mit Kühen und Hühnern

TRAINING TIME

The police	Die Polizei
The headmaster	Der Schulleiter
The student	Der Student
The representative	Der Abgeordnete
What does the engineer say?	Was sagt der Ingenieur?
She is a fisherwoman	Sie ist eine Fischerin
He speaks with the guard	Er spricht mit der Wache
Are you the presenter?	Bist du der Moderator?
You are a clown	Du bist ein Clown
The farmer reads the newspaper	Der Bauer liest die Zeitung
Our brothers are mechanics	Unsere Brüder sind Mechaniker
The police officers have blue shirts	Die Polizisten haben blaue Hemden
What does the plumber eat?	Was isst der Klempner?
We are not mailmen	Wir sind keine Postboten
Who is your lawyer?	Wer ist ihr anwalt
My sister is without work	Meine Schwester hat keine Arbeit
Where is the manager?	Wo ist der Manager?
Who are the workers?	Wer sind die arbeiter
I go to the doctor	Ich gehe zum Arzt
Fried fish is your specialty	Gebratener Fisch ist Ihre Spezialität
My husband is not the secretary	Mein Mann ist nicht die Sekretärin
My husband is a researcher	Mein Mann ist Forscher

My uncle and my aunt are doctors	Mein Onkel und meine Tante sind Ärzte
I know a researcher	Ich kenne einen Forscher
The writer writes	Der Schriftsteller schreibt

TRAINING TIME

The captain's answer arrives today	Die Antwort des Kapitäns trifft heute ein
The fisherman drinks a cup of coffee	Der Fischer trinkt eine Tasse Kaffee
Your father is a farmer	Dein Vater ist Bauer
You're an architect	Du bist ein Architekt
My mother waits for the postman	Meine Mutter wartet auf den Postboten
What is her occupation?	Was ist ihr Beruf?
She is my counselor	Sie ist meine Beraterin
The answer is employment	Die Antwort ist Beschäftigung
The viewer wants lemonade	Der Betrachter will Limonade
The spectators arrive on Thursday	Die Zuschauer kommen am Donnerstag an
The specialists speak with the king	Die Spezialisten sprechen mit dem König
I need a lawyer	Ich brauche einen Anwalt
He is the police's spokesman	Er ist der Sprecher der Polizei

He is the leader of the century	Er ist der Führer des Jahrhunderts
I am not a journalist	Ich bin kein Journalist
The colonel speaks with the director	Der Oberst spricht mit dem Direktor
Good night, Countess	Gute Nacht, Gräfin
I am the representative of Geneva	Ich bin der Vertreter von Genf
The teachers see their students	Die Lehrer sehen ihre Schüler
They are the leaders	Sie sind die Anführer
They are artists	Sie sind Künstler
She is a teacher	Sie ist eine Lehrerin
Are you a model?	Sind Sie ein Modell?
He is a businessman	Er ist ein Geschäftsmann

TRAINING TIME

The artist	Der Künstler
The students eat bread	Die Schüler essen Brot
The spoon is for the kings	Der Löffel ist für die Könige
My mother and my aunt are teachers	Meine Mutter und meine Tante sind Lehrerinnen
The student drinks water	Der Student trinkt Wasser
He is a student	Er ist Student
The writer drinks wine	Der Schriftsteller trinkt Wein
He talks to the doctor	Er spricht mit dem Arzt
Good morning, teacher	Guten Morgen Lehrer

Sara and Cristina are policewomen	Sara und Cristina sind Polizistinnen
The teacher eats a sandwich	Der Lehrer isst ein Sandwich
Who is the prosecutor?	Wer ist der Staatsanwalt?
They are models	Sie sind Modelle
He is a secretary	Er ist eine Sekretärin
We are teachers	Wir sind Lehrer
I need a doctor	Ich brauche einen Arzt
The students eat bread	Die Schüler essen Brot
How many bosses do you have?	Wie viele Chefs haben Sie?
She is my secretary	Sie ist meine Sekretärin
Fredo is a policeman	Fredo ist Polizist
You have a secretary	Sie haben eine Sekretärin
Queens do not drink beer	Frauen trinken kein Bier
The teacher eats apples	Der Lehrer isst Äpfel
She is my boss	Sie ist mein Chef

TRAINING TIME

The prince	Der Prinz
The painter	Der Maler
The farmer	Der Bauer
The cook	Die Köchin
I am a journalist	Ich bin ein Journalist
He speaks with the guard	Er spricht mit der Wache
The poet writes a letter	Der Dichter schreibt einen Brief
My uncle is the author of the book	Mein Onkel ist der Autor des Buches

I am a businessman	Ich bin ein Geschäftsmann
The professors read	Die Professoren lesen
I am not the professor	Ich bin nicht der Professor
Patricia is the judge	Patricia ist die Richterin
The soldier eats rice	Der Soldat isst Reis
Are you the author?	Bist du der Autor?
My dad is a poet	Mein Vater ist ein Dichter
We are professors	Wir sind Professoren
My uncle is an employee	Mein Onkel ist ein Angestellter
Who are your lawyers?	Wer sind deine Anwälte?
The colonel talks with the soldiers	Der Oberst spricht mit den Soldaten
No, Pedro is not an actor, he is a poet	Nein, Pedro ist kein Schauspieler, er ist ein Dichter
They are artists	Sie sind Künstler
I have a lawyer	Ich habe einen Anwalt
His employees write	Seine Angestellten schreiben
Angelo and Dani are artists	Angelo und Dani sind Künstler
The cooks eat meat	Die Köche essen Fleisch

TRAINING TIME

My sister is my lawyer	Meine Schwester ist meine Anwältin
I am the owner of the dog	Ich bin der Besitzer des Hundes
Who is the agent?	Wer ist der agent
They are specialists	Sie sind Spezialisten
The commander eats an orange	Der Kommandant isst eine Orange
Meat is their specialty	Fleisch ist ihre Spezialität
The artists and the painters	Die Künstler und die Maler
The owner has a horse	Der Besitzer hat ein Pferd
My mother is a specialist in birds	Meine Mutter ist eine Spezialistin für Vögel
Yes, I am an engineer and a carpenter	Ja, ich bin Ingenieur und Zimmermann
Yes, my uncle Salvio is an agent	Ja, mein Onkel Salvio ist ein Agent
Yes, Marco is a baker	Ja, Marco ist Bäcker
I work as a teacher	Ich arbeite als Lehrer
They are tellers	Sie sind Erzähler
Is she my nurse?	Ist sie meine Krankenschwester?
It is not my profession	Es ist nicht mein Beruf
Paul is a priest	Paul ist ein Priester
She is a baker	Sie ist Bäckerin
They are cashiers	Sie sind Kassierer
They are not athletes	Sie sind keine Sportler

A priest does not drink beer	Ein Priester trinkt kein Bier
The priestess has a black cat	Die Priesterin hat eine schwarze Katze
My daughter is a waitress	Meine Tochter ist eine Kellnerin
My uncle is not a farmer, he is a baker	Mein Onkel ist kein Bauer, er ist Bäcker
Worker	Arbeitnehmer
Plumber	Klempner
Mailman	Briefträger
Clown	Clown
The priests write books	Die Priester schreiben Bücher
My girlfriend is a driver	Meine Freundin ist Fahrerin
I work as a waiter	Ich arbeite als Kellner
No, my brother David is not a carpenter	Nein, mein Bruder David ist kein Tischler
His spouse is a driver	Sein Gatte ist ein Fahrer
Sebastien is not an engineer, he is a nurse	Sebastien ist kein Ingenieur, er ist Krankenschwester
Your uncle is not a nurse, he is a cook	Dein Onkel ist keine Krankenschwester, er ist Koch
No, Leo and Sofia are not athletes	Nein, Leo und Sofia sind keine Sportler
Harry is an English engineer	Harry ist ein englischer Ingenieur
Carlos is not an actor, he is a student	Carlos ist kein Schauspieler, er ist Student
He speaks about his principles	Er spricht über seine Prinzipien

You have a good memory	Du hast ein gutes Gedächtnis
She explained the terms to me	Sie erklärte mir die Bedingungen
He works as a mailman	Er arbeitet als Postbote
The secretary drinks a coffee	Die Sekretärin trinkt einen Kaffee
My daughter is a policewoman	Meine Tochter ist Polizistin
It is our specialty	Es ist unsere Spezialität
My uncle is a presenter	Mein Onkel ist Moderator
We are not mailmen	Wir sind keine Postboten
I am a police officer	Ich bin ein Polizeibeamter
You are doctors	Sie sind Ärzte

TRAINING TIME

STORY MODE

ENGLISH

Rodrigo: "Where do your parents work?"

Luca: "My father is a lawyer and my mother is also a lawyer."

Rodrigo: "And your siblings?"

Luca: "My older sister works as a secretary, while my brother is a painter."

Rodrigo: "And you?"

Luca: "I have published two books so far, so I can define myself as an author."

Rodrigo: "Did you want to be something else when you grew up?"

Luca: "I wanted to be a lot of things; a judge, an artist, an actor, an engineer, a chef and even a soldier.
Regarding the latter, I saw many war movies when I was a child and I liked guns and their physique. This was the biggest draw for me. However, my mother did not agree, she wanted me to be a doctor or a professor at the university.
I could not imagine being a student for so long, so I read something else. When I finished school, my first job was as a librarian and then as a driver, and I finally got a job as an agent."

GERMAN

Rodrigo: "Wo arbeiten deine Eltern?"

Luca: "Mein Vater ist Rechtsanwalt und meine Mutter ist Rechtsanwalt."

Rodrigo: "Und deine Geschwister?"

Luca: "Meine ältere Schwester arbeitet als Sekretärin, während mein Bruder Maler ist."

Rodrigo: "Und du?"

Luca: "Bisher habe ich zwei Bücher veröffentlicht, damit ich mich als Autor bezeichnen kann."

Rodrigo: "Möchten Sie etwas anderes sein?"

Luca: "Ich wollte viele Dinge sein, ein Richter, ein Künstler, ein Schauspieler, ein Ingenieur, ein Koch und sogar ein Soldat.

In letzterer Hinsicht habe ich als Kind viele Kriegsfilme gesehen, und ich mochte Waffen und den Soldatenkörper. Das war der größte Reiz für mich. Meine Mutter war jedoch nicht einverstanden, weil sie wollte, dass ich Arzt oder Professor an der Universität werde.

Ich konnte mir nicht vorstellen, so lange Student zu sein, also las ich etwas anderes. Als ich die Schule beendet hatte, war mein erster Job als Bibliothekar und dann als Fahrer. Dann bekam ich endlich einen Job als Agent."

Chapter 13

MEASURES

Keywords: Metro, Kilometer, Gramm, Kilogramm.

Depth	Tiefe
Height	Höhe
One kilo	Ein Kilo
One meter	Einen Meter
The measurement	Die Messung
She is little and I am big	Sie ist klein und ich bin groß
An elephant is an enormous animal	Ein Elefant ist ein enormes Tier
We use a gram of tea	Wir verwenden ein Gramm Tee
She has a little bit of bread	Sie hat ein bisschen Brot
How many centimetres remain?	Wie viele zentimeter bleiben
You take the measurements	Du nimmst die Maße
They are small horses	Sie sind kleine Pferde
We read a bit	Wir lesen ein bisschen
We have a gram of sugar	Wir haben ein Gramm Zucker
In the next room	Im nächsten Raum
Which animal is small?	Welches Tier ist klein?
I wait a couple of hours	Ich warte ein paar Stunden
How many meters?	Wie viele meter
We use kilometers	Wir benutzen Kilometer
How many kilograms?	Wie viele kilogram?

A fourth of the total	Ein Viertel der Gesamtsumme
I am a little hungry	Ich bin etwas hungrig
It is all the same to me	Mir ist es egal
We look at the total	Wir schauen uns die Gesamtsumme an
These are the sides	Das sind die Seiten

TRAINING TIME

Kilometers	Kilometer
How long is a mile?	Wie lang ist eine Meile?
I have a litre of oil in the kitchen	Ich habe einen Liter Öl in der Küche
A double espresso, thanks	Ein doppelter Espresso, danke
I have nothing in the kitchen	Ich habe nichts in der Küche
The double espresso is for her	Der doppelte Espresso ist für sie
I do not have anything in my bag	Ich habe nichts in meiner Tasche
I have a bit of white chocolate	Ich habe etwas weiße Schokolade
The width of the door is eighty centimeters	Die Breite der Tür beträgt achtzig Zentimeter
The depth is important	Die Tiefe ist wichtig
There are a thousand kilos in a ton	Es gibt tausend Kilo in einer Tonne
Do you want half of my apple?	Willst du die Hälfte meines Apfels?

Eight is two times four	Acht ist zwei mal vier
It is the size of an egg	Es hat die Größe eines Eies
The woman's shirt is big	Das Hemd der Frau ist groß
The room has the shape of the square	Der Raum hat die Form des Platzes
How many kilograms of meat do we get?	Wie viele Kilogramm Fleisch bekommen wir?
What is the new speed?	Was ist die neue Geschwindigkeit?
My cellar contains three cubic meters of firewood	Mein Keller enthält drei Kubikmeter Brennholz
It is a novel in two volumes	Es ist ein Roman in zwei Bänden
The sides of a square are equal	Die Seiten eines Quadrats sind gleich
The height of my house is seven metres	Die Höhe meines Hauses beträgt sieben Meter
The height is equal to the length	Die Höhe entspricht der Länge
The shirt is not big	Das Shirt ist nicht groß
We write in kilometers	Wir schreiben in Kilometern

TRAINING TIME

MEASUREMENT

STORY MODE

ENGLISH

"How fast does the engine work?" Professor Makkonen, the silver-haired engineer, asked while testing his latest invention on the Eliseu bridge.

"Nine-three square knots." said the assistant, who was holding a large speedometer.

"What are the height and weight requirements for a depth of eight kilometers below sea level?"

"Four tons and ten feet, sir."

"Ok, well, now, how much does it weigh compared to the last?" Professor Makkonen asked.

"It usually depends on its width and the amount of moisture it contains, at which point the two are almost the same, from 64 to 63 pounds." explained the assistant.

"Yes, but it consumes a third of the power of its predecessor and also has a greater total distance from ninety centimeters to two meters, instead of from fifty centimeters to a meter, so there is a difference." The professor said.

The assistant took the notebook and scribbled a few numbers.

GERMAN

"Wie schnell arbeitet der Motor?", Fragte Professor Makkonen, der silberhaarige Ingenieur, während er seine neueste Erfindung auf der Eliseu-Brücke testete.

"Neun-drei-Quadrat-Knoten", sagte der Assistent, der einen großen Tachometer in der Hand hielt.

"Wie hoch sind die Höhen- und Gewichtsanforderungen für acht Kilometer unter dem Meeresspiegel?"

"Vier Tonnen und zehn Fuß, Sir."

"Ok, nun, wie viel wiegt es im Vergleich zum letzten?", Fragte Professor Makkonen.

"Es hängt in der Regel von seiner Breite und der darin enthaltenen Feuchtigkeitsmenge ab. Zu diesem Zeitpunkt sind die beiden fast gleich, von 64 bis 63 Pfund", erklärte der Assistent.

"Ja, aber es verbraucht ein Drittel der Leistung seines Vorgängers und hat auch eine größere Gesamtdistanz: von neunzig Zentimeter auf zwei Meter anstatt von fünfzig Zentimeter auf einen Meter, also besteht ein Unterschied."

Der Assistent nahm das Notizbuch und kritzelte ein paar Zahlen.

Chapter 14

HOUSEHOLD

Keywords: Balkon, Stuhl, Bett, Ofen, Seife, Tür, Schreibtisch, Zahnpasta, Bad, Fenster.

The house	Das Haus
The glass	Das Glas
The knife	Das Messer
The telephone	Das Telefon
The cup	Die Tasse
The spoon	Der Löffel
The fountain	Der Brunnen
The television	Der Fernseher
The pan	Die Pfanne
The sofa	Das Sofa
The curtain	Der Vorhang
The table	Der Tisch
The door	Die Tür
The carpet	Der Teppich
The desk	Der Schreibtisch
The chair	Der Stuhl
The bed	Das Bett
The kitchen	Die Küche
The window	Das Fenster
The light	Das Licht
The key	Der Schlüssel
The lamp	Die Lampe
The mirror	Der Spiegel
The ceiling	Die Decke
The floor	Der Boden

TRAINING TIME

The wall	Die Wand
The oven	Der Ofen
The bedroom	Das Schlafzimmer
The bathroom	Das Bad
My chandelier	Mein Kronleuchter
Your knives	Deine Messer
My phone is big	Mein Handy ist groß
My spoons are white	Meine Löffel sind weiß
I have a bathtub	Ich habe eine Badewanne
The cat is on the rug	Die Katze ist auf dem Teppich
I am on the balcony	Ich bin auf dem balkon
We live in an apartment	Wir leben in einer Wohnung
I want my blanket	Ich will meine Decke
My son wants a green bed	Mein Sohn will ein grünes Bett
The rugs are blue	Die Teppiche sind blau
My uncle lives in an apartment	Mein Onkel wohnt in einer Wohnung
I do not have a rug in the kitchen	Ich habe keinen Teppich in der Küche
The water is clear	Das Wasser ist klar
You take the floor, I take the bed	Du nimmst das Wort, ich nehme das Bett
I use a chair	Ich benutze einen Stuhl
He buys a tent	Er kauft ein Zelt
Today is a clear day	Heute ist ein klarer Tag

The cats eat on the floor	Die Katzen fressen auf dem Boden
I read at the desk	Ich lese am Schreibtisch
You open the door	Du öffnest die Tür

TRAINING TIME

We go in your tent	Wir gehen in dein Zelt
The cake is in the refridgerator	Der Kuchen ist im Kühlschrank
Where is the furniture?	Wo sind die möbel
We do not have heating	Wir haben keine Heizung
I am at the gate	Ich bin am tor
She does not find her keys	Sie findet ihre Schlüssel nicht
The horses are at the gates	Die Pferde stehen vor den Toren
The lamp in the bathroom is green	Die Lampe im Badezimmer ist grün
They do not have furniture	Sie haben keine Möbel
They have the keys	Sie haben die Schlüssel
Does the room have a telephone?	Hat das Zimmer ein Telefon?
Where is the shampoo?	Wo ist das Shampoo?
We buy white pillows	Wir kaufen weiße Kissen
The shampoos are in the bathroom	Die Shampoos sind im Badezimmer

The house with the red roof is my uncle's	Das Haus mit dem roten Dach ist mein Onkel
Where are the mirrors?	Wo sind die Spiegel?
I have a pillow for the bed	Ich habe ein Kissen für das Bett
How many telephones do you have?	Wie viele Telefone hast du?
Do you have a ladder?	Hast du eine Leiter?
The soap is on the bathtub	Die Seife liegt auf der Badewanne
I want a couch	Ich will eine Couch
The kitchen is yours	Die Küche gehört dir
The walls are red	Die Wände sind rot
We open the windows	Wir öffnen die Fenster
The entrance is white	Der Eingang ist weiß

TRAINING TIME

The toys are on the carpet	Die Spielsachen liegen auf dem Teppich
Why don't we find a toy for your son?	Warum finden wir kein Spielzeug für Ihren Sohn?
Your family is at the table	Ihre Familie ist am Tisch
The bread is in the oven	Das Brot ist im Ofen
My mother is in the shower	Meine Mutter ist unter der Dusche
My mother is in the kitchen	Meine Mutter ist in der Küche

The windows are black	Die Fenster sind schwarz
The cats are on the couches	Die Katzen sind auf den Sofas
We wait in the courtyard	Wir warten im Hof
Where is the toothpaste?	Wo ist die Zahnpasta?
Where are the bedsheets?	Wo sind die Bettlaken?
Which razor is mine?	Welcher Rasierer gehört mir?
Do you have toothbrushes?	Hast du Zahnbürsten?
I have some red chairs	Ich habe ein paar rote Stühle
Do you have a sponge?	Hast du einen Schwamm?
I take my toothbrush	Ich nehme meine Zahnbürste
His chair	Sein Stuhl
He has a red telephone	Er hat ein rotes Telefon
Lorenzo eats at the table	Lorenzo isst am Tisch
We do not have cups!	Wir haben keine Tassen!
Luca sleeps in the bed	Luca schläft im Bett
I have your tv	Ich habe deinen Fernseher
In the kitchen	In der Küche
One cup of milk	Eine Tasse Milch
The walls	Die Wände

TRAINING TIME

The bed sheet	Das Bettlaken
Which one is my window?	Welches ist mein Fenster?
The baby sleeps in the crib	Das Baby schläft in der Krippe
The engineer buys a tool	Der Ingenieur kauft ein Werkzeug
No, the bed is not Valentino's	Nein, das Bett ist nicht das von Valentino
The pool does not have water	Der Pool hat kein Wasser
Emilio reads in the chair	Emilio liest auf dem Stuhl
I take some towels	Ich nehme ein paar Handtücher
I cannot find my toothbrush	Ich kann meine Zahnbürste nicht finden
Clean your room	Räume dein Zimmer auf
The desk belongs to Angelo	Der Schreibtisch gehört Angelo
It is your desk	Es ist dein Schreibtisch
I have a yellow sponge	Ich habe einen gelben Schwamm
I have money in my desk	Ich habe Geld in meinem Schreibtisch
Do you have a sponge?	Hast du einen Schwamm?
I see the sponge in the kitchen	Ich sehe den Schwamm in der Küche
I have my wallet	Ich habe meine Geldbörse
I read in the basement	Ich habe im Keller gelesen

The ladder is red	Die Leiter ist rot
I see a bird on the roof	Ich sehe einen Vogel auf dem Dach
I do not have a dryer	Ich habe keinen Trockner
My brush is yellow	Mein Pinsel ist gelb
The walls are red	Die Wände sind rot
Is it my room?	Ist es mein Zimmer?
Do you have a razor?	Hast du einen Rasierer?

TRAINING TIME

I eat in my bedroom	Ich esse in meinem Schlafzimmer
I do not have a refridgerator	Ich habe keinen Kühlschrank
Friedrich cleans the bathroom	Friedrich reinigt das Badezimmer
We have a dryer	Wir haben einen Trockner
The washing machine	Die Waschmaschine
I do not have a washing machine	Ich habe keine Waschmaschine
Does Sandro sleep on a chair?	Schläft Sandro auf einem Stuhl?
Moya cooks chicken in the oven	Moya kocht Hähnchen im Ofen
He wants a washing machine	Er will eine Waschmaschine
Do you want a sponge for your kitchen?	Möchten Sie einen Schwamm für Ihre Küche?
I need soap	Ich brauche Seife
The umbrellas are not ours	Die Regenschirme gehören nicht uns

The sheets are yellow	Die Blätter sind gelb
Do we have yellow soaps?	Haben wir gelbe Seifen?
Sara eats soap!	Sara isst Seife!
The razor is blue	Der Rasierer ist blau
I fill up the cup with water	Ich fülle die Tasse mit Wasser
The colors are natural	Die Farben sind natürlich
The newspapers are recent	Die Zeitungen sind neu
I am rich	Ich bin reich
The next hour	Die nächste stunde
The tea is natural	Der Tee ist natürlich
It is a historic week	Es ist eine historische Woche
Who is next?	Wer ist der nächste?
Is the newspaper recent?	Ist die Zeitung aktuell?

TRAINING TIME

STORY MODE

ENGLISH

Manuel: "What are you doing in the cellar?"

Anna: "I'm looking for my phone."

Manuel: "Have you checked behind this wall? I saw you standing by the window some time ago."

Anna: "I checked everywhere, inside the washing machine, on the table, everywhere."

Manuel: "Where did you last see it?"

Anna: "On top of a folded sheet in my room."

Manuel: "Try to remember your way from there."

Anna: "Well, I was cleaning the bathroom mirror when my father called. The call ended and I went to change the lamp from the ceiling of my room, then I remembered it was going to rain and I needed to clean the pool, so I checked the inside of the closet for an umbrella and some soap.

After that, I went back to the kitchen and opened the fridge for some juice. I left the phone near a cup and some dishes. There was also a knife on the kitchen table. I finished the glass of juice before returning to the room, where I decided to take a nap. This is what I remember."

GERMAN

Manuel: "Was machst du im Keller?"

Anna: "Ich suche mein Handy."

Manuel: "Hast du hinter dieser Wand nachgesehen? Ich habe dich vor einiger Zeit am Fenster stehen sehen."

Anna: "Ich habe überall nachgesehen, in der Waschmaschine, auf dem Tisch, überall."

Manuel: "Wo hast du es zuletzt gesehen?"

Anna: "Auf einem gefalteten Blatt in meinem Zimmer."

Manuel: "Versuchen Sie sich von da an zu erinnern."

Anna: "Nun, ich habe gerade den Badezimmerspiegel geputzt, als mein Vater anrief. Das Gespräch endete und ich ging, um die Lampe von der Decke meines Zimmers auszutauschen. Dann fiel mir ein, dass es regnen würde und ich den Pool reinigen musste. Ich überprüfte das Innere des Schranks nach einem Regenschirm und etwas Seife.

Danach ging ich zurück in die Küche und öffnete den Kühlschrank für etwas Saft. Ich habe das Telefon in der Nähe einer Tasse und etwas Geschirr gelassen. Es gab auch ein Messer auf dem Küchentisch. Ich trank das Glas Saft aus, bevor ich ins Zimmer zurückkehrte, wo ich mich entschied, ein Nickerchen zu machen. Daran erinnere ich mich."

Chapter 15

ADJECTIVES

Keywords: Stark, satt, gemein, frei, lang.

Again?	Nochmal?
The last	Das Letzte
The cold	Die Kälte
It is not the same	Es ist nicht das Gleiche
The woman is pretty	Die Frau ist hübsch
She is not old	Sie ist nicht alt
It is possible for her	Es ist für sie möglich
Their uniform is new	Ihre Uniform ist neu
His answer is different from mine	Seine Antwort unterscheidet sich von meiner
It is the same	Es ist das Gleiche
He asks the impossible	Er fragt das Unmögliche
Be a good girl!	Sei ein gutes Mädchen!
The national colors are green and yellow	Die Landesfarben sind grün und gelb
Are they tall?	Sind sie groß?
It is a good cake	Es ist ein guter Kuchen
I am short	Es fehlt mir was
We are not international	Wir sind nicht international
It is not expensive	Es ist nicht teuer
My sister is famous	Meine Schwester ist berühmt
The writer is not famous	Der Schriftsteller ist nicht berühmt

Our toothpaste is cheap	Unsere Zahnpasta ist billig
The bag is free	Die Tasche ist kostenlos
I am free today	ich bin heute frei
I know that you are rich	Ich weiß, dass du reich bist
Do you have a foreign beer?	Hast du ein fremdes Bier?

TRAINING TIME

It is my daily bread	Es ist mein tägliches Brot
She is a modern mother	Sie ist eine moderne Mutter
I have an electric grill	Ich habe einen elektrischen Grill
She is popular	Sie ist beliebt
What is important for him?	Was ist für ihn wichtig?
The horse is a useful animal	Das Pferd ist ein nützliches Tier
It is an open question	Es ist eine offene Frage
Are you interested?	Bist du interessiert?
Are we perfect?	Sind wir perfekt
Are you an only child?	Bist du ein Einzelkind?
I am capable	Ich bin in der Lage
The red apples are not special	Die roten Äpfel sind nicht besonders
He has an interesting costume	Er hat ein interessantes Kostüm
Your cousin has an interesting job	Dein Cousin hat einen interessanten Job

You keep the window closed	Sie halten das Fenster geschlossen
You are not the only one	Du bist nicht die einzige
She is strong	Sie ist stark
We are not difficult	Wir sind nicht schwer
The mushroom soup has a strange taste	Die Pilzsuppe hat einen merkwürdigen Geschmack
My grandmother lives alone	Meine Großmutter lebt alleine
The shark is dangerous	Der Hai ist gefährlich
My son is big	Mein Sohn ist groß
I bring my heavy boots	Ich bringe meine schweren Stiefel
The nights are long	Die Nächte sind lang
The next coffee is yours	Der nächste Kaffee gehört dir

TRAINING TIME

For her it is easy	Für sie ist es einfach
I am full	ich bin voll
I eat a whole chicken	Ich esse ein ganzes Huhn
She is tough with them	Sie ist hart mit ihnen
My short dress is white and blue	Mein kurzes Kleid ist weiß und blau
It is a normal newspaper	Es ist eine normale Zeitung
It is true	Es ist wahr
The breakfast is ready	Das Frühstück ist fertig
I am sure	Ich bin mir sicher
Your answer is correct	Deine Antwort ist richtig

He is a common man	Er ist ein gewöhnlicher Mann
We decide because we are certain	Wir entscheiden, weil wir sicher sind
Your answer is not clear	Ihre Antwort ist nicht klar
Our time is brief	Unsere Zeit ist kurz
The soup is getting cold	Die Suppe wird kalt
She is young and I am old	Sie ist jung und ich bin alt
It is hot today	Es ist heiß heute
February is a short month	Der Februar ist ein kurzer Monat
Do they have hot sandwiches?	Haben sie heiße Sandwiches?
Her question is difficult	Ihre Frage ist schwierig
He is an excellent student	Er ist ein ausgezeichneter Schüler
She sleeps in an empty room	Sie schläft in einem leeren Raum
The curtain is dirty	Der Vorhang ist schmutzig
A cultural newspaper	Eine Kulturzeitung
He is big and strong	Er ist groß und stark

TRAINING TIME

We are human	Wir sind menschlich
The kitchen is not safe	Die Küche ist nicht sicher
We are tall and strong	Wir sind groß und stark
I have enough clothes	Ich habe genug kleider

He is worse	Er ist schlimmer
I need dry clothes	Ich brauche trockene Kleidung
It is easy	Es ist leicht
Some juice please	Bitte etwas Saft
He talks fast	Er redet schnell
I am not a foreigner	Ich bin kein Ausländer
The blanket is thin	Die Decke ist dünn
They have few books	Sie haben wenige Bücher
He is a man of few words	Er ist ein Mann mit wenigen Worten
The curtains are thin	Die Vorhänge sind dünn
My daughter likes thin pasta	Meine Tochter mag dünne Pasta
I have few books	Ich habe wenige Bücher
We drink rapidly	Wir trinken schnell
The floor is dirty	Der Boden ist schmutzig
Her shampoo is expensive	Ihr Shampoo ist teuer
We are not difficult	Wir sind nicht schwer
He has empty pockets	Er hat leere Taschen
We have a vacant room	Wir haben ein leeres Zimmer
No, it is simple	Nein, das ist einfach
I think it is impossible	Ich denke das ist unmöglich
I read a national newspaper	Ich habe eine nationale Zeitung gelesen

TRAINING TIME

He is an industrial chemist	Er ist Industriechemiker
He is not familiar	Er ist nicht bekannt
The national colors are green and yellow	Die Landesfarben sind grün und gelb
Her kitchen is industrial	Ihre Küche ist industriell
Yes, it is simple	Ja, das ist ganz einfach
They are poor	Sie sind arm
She is frank	Sie ist offen
What is the historical period?	Was ist die historische Periode?
The lemonade is natural	Die Limonade ist natürlich
They are not responsible	Sie sind nicht verantwortlich
The wall is permanent	Die Mauer ist dauerhaft
Because I am a bad man	Weil ich ein böser Mann bin
I am poor	Ich bin arm
It is a historical week	Es ist eine historische Woche
They are not natural	Sie sind nicht natürlich
You are frank	Du bist offen
We are not responsible	Wir sind nicht verantwortlich
The juice is natural	Der Saft ist natürlich
He is poor	Er ist arm
I have a beautiful duck	Ich habe eine schöne Ente
They are good students	Sie sind gute Schüler
They eat from the same plate	Sie essen vom selben Teller
You do good work	Du machst gute Arbeit

You are bilingual	Du bist zweisprachig
The dress is pretty	Das Kleid ist hübsch

TRAINING TIME

They are young men	Sie sind junge Männer
She has the same cups	Sie hat die gleichen Tassen
She is an old judge	Sie ist eine alte Richterin
Good question	Gute Frage
The same soup	Die gleiche Suppe
The apples are good	Die Äpfel sind gut
Is it helpful?	Ist es hilfreich
It is a new book	Es ist ein neues Buch
You are better than me	Du bist besser als ich
The lamps are ugly	Die Lampen sind hässlich
My younger brother	Mein jüngerer Bruder
I am older than my sister	Ich bin älter als meine Schwester
No, you are the first	Nein, du bist der Erste
We are not new	Wir sind nicht neu
We have the best	Wir haben das Beste
We are the older siblings	Wir sind die älteren Geschwister
Is he ugly?	Ist er hässlich?
Do you want new clothing?	Möchtest du neue Kleidung?
Yes, it is true	Ja, das ist wahr
You are a positive person	Du bist eine positive Person
We are the last	Wir sind die letzten
Yes, they are real	Ja, sie sind echt
It is not possible	Es ist nicht möglich

Yes, it is important	Ja das ist wichtig
It is the final moment	Es ist der letzte Moment

TRAINING TIME

You are not real!	Du bist nicht echt!
My brothers are important	Meine Brüder sind wichtig
He is a positive boss	Er ist ein positiver Chef
The last night is long	Die letzte Nacht ist lang
Tomorrow is my last day	Morgen ist mein letzter Tag
It is hard	Es ist schwer
The shoes are necessary	Die Schuhe sind notwendig
It is a public party	Es ist eine öffentliche Party
The author walks alone	Der Autor geht alleine
You are popular with the children	Sie sind bei den Kindern beliebt
You and I are different	Du und ich sind verschieden
It is my personal telephone	Es ist mein persönliches Telefon
He walks alone	Er geht alleine
A public bathroom	Ein öffentliches Badezimmer
We are not popular	Wir sind nicht beliebt
No, they are not necessary	Nein, das ist nicht nötig
The plate is hard	Die Platte ist hart
They are public workers	Sie sind öffentliche Angestellte
We are tall and strong	Wir sind groß und stark

The main colors	Die Hauptfarben
He is an able man	Er ist ein fähiger Mann
The animals are distinct	Die Tiere sind verschieden
I watch local television	Ich schaue lokales Fernsehen
It is safe	Es ist sicher
The main door	Die Haupttür

TRAINING TIME

She is a strong person	Sie ist eine starke Person
We are different	Wir sind anders
She is your only sister	Sie ist deine einzige Schwester
It is not enough	Es ist nicht genug
The following weeks	Die folgenden wochen
He is a professional actor	Er ist ein professioneller Schauspieler
My own son	Mein eigener Sohn
She is worse than me	Sie ist schlimmer als ich
What is impossible?	Was ist unmöglich?
The dress is simple	Das Kleid ist einfach
I have my own dogs	Ich habe meine eigenen Hunde
We are not professional actors	Wir sind keine professionellen Schauspieler
They have their own parties	Sie haben ihre eigenen Partys
He is bad	Er ist schlecht
I am normal	ich bin normal
They are not responsible	Sie sind nicht verantwortlich

I do not read as many books	Ich lese nicht so viele Bücher
It is a clear night	Es ist eine klare Nacht
You are responsible	Du bist verantwortlich
She is a bad student	Sie ist eine schlechte Schülerin
It is fair	Es ist fair
Your parents are rich	Deine Eltern sind reich
I have a flat mirror	Ich habe einen flachen Spiegel
We are the next	Wir sind die nächsten
It is a historic minute	Es ist eine historische Minute

TRAINING TIME

STORY MODE

ENGLISH

"Lisa, let's play a game called 'objective statements.' The goal of the game is to make a statement using the word 'but' in five seconds, or drink from this bottle. I will start."

"He's sick, but the room is clean."

Lisa: "The book is strange but special."

Meyer: "The bottle is big, but the price is regular."

Lisa: "It's old, but it's free to download."

Meyer: "The powder is dark, but pure."

Lisa: "Five is the minimum, but I have four."

Meyer: "The maps are similar, but I'm lost."

Lisa: "These shoes are good but not original."

Meyer: "These bags are classic, but not superior."

Lisa: "The car is dirty, but it's perfect."

Meyer: "It's brilliant, but not famous."

Lisa: "My boyfriend is sweet but also terrible."

GERMAN

"Lisa, lass uns ein Spiel namens "objektive Aussagen" spielen. Das Ziel des Spiels ist es, innerhalb von fünf Sekunden eine Aussage mit dem Wort "aber" zu treffen oder aus dieser Flasche zu trinken. Ich werde beginnen."

"Er ist krank, aber das Zimmer ist sauber."

Lisa: "Das Buch ist seltsam, aber besonders."

Meyer: "Die Flasche ist groß, aber der Preis ist normal."

Lisa: "Es ist alt, aber es kann kostenlos heruntergeladen werden."

Meyer: "Das Pulver ist dunkel, aber rein."

Lisa: "Fünf ist das Minimum, aber ich habe vier."

Meyer: "Die Karten sind ähnlich, aber ich bin verloren."

Lisa: "Diese Schuhe sind gut, aber nicht originell."

Meyer: "Diese Taschen sind klassisch, aber nicht überlegen."

Lisa: "Das Auto ist schmutzig, aber es ist perfekt."

Meyer: "Es ist brillant, aber nicht berühmt."

Lisa: "Mein Freund ist süß, aber auch schrecklich."

Chapter 16

DETERMINERS

Keywords: Auch, diese, sicher, alles, andere.

The new ones	Die neuen
The work	Die Arbeit
The activity	Die Aktivität
The possibility	Die Möglichkeit
She has too many cats	Sie hat zu viele Katzen
All the women are here	Alle Frauen sind hier
A bee is not a butterfly	Eine Biene ist kein Schmetterling
This book is too expensive	Dieses Buch ist zu teuer
This tea is very good	Dieser Tee ist sehr gut
We have a red mirror	Wir haben einen roten Spiegel
These bags are red	Diese Taschen sind rot
This carrot is sweet	Diese Karotte ist süß
These books are new	Diese Bücher sind neu
This automobile is like new	Dieses Auto ist wie neu
Those two plumbers are cousins	Diese beiden Klempner sind Cousins
That person is not my husband	Diese Person ist nicht mein Mann
She does not fit in that car	Sie passt nicht in dieses Auto
That castle is white	Das Schloss ist weiß

Do you know that hotel?	Kennen Sie das Hotel?
I know those women	Ich kenne diese Frauen
The whole village cooks	Das ganze Dorf kocht
She works all night	Sie arbeitet die ganze Nacht
I have a lot of oil	Ich habe viel Öl
I have no friends	Ich habe keine Freunde
There are many people	Da sind viele Leute

TRAINING TIME

Do you remember those years?	Erinnern Sie sich an diese Jahre?
He drinks a bottle of milk every morning	Er trinkt jeden Morgen eine Flasche Milch
I read several newspapers	Ich lese mehrere Zeitungen
I do not like those phones	Ich mag diese Telefone nicht
Those shirts are too small for him	Diese Hemden sind zu klein für ihn
There are several shirts in the room	Es gibt mehrere Hemden im Raum
There are several boys in the park	Es gibt mehrere Jungen im Park
Various women call every day	Täglich rufen verschiedene Frauen an
There are various animals at the zoo	Es gibt verschiedene Tiere im Zoo

I do not want any parties for my wedding	Ich möchte keine Partys für meine Hochzeit
The waiter works in another bar	Der Kellner arbeitet in einer anderen Bar
Certain things change with time	Bestimmte Dinge ändern sich mit der Zeit
Certain people don't work like him	Manche Leute arbeiten nicht wie er
Do you know some good stores?	Kennen Sie gute Geschäfte?
I do not work with certain people	Ich arbeite nicht mit bestimmten Leuten
Too many things are not clear	Zu viele Dinge sind nicht klar
He drinks too much alcohol	Er trinkt zu viel Alkohol
He drinks too much beer	Er trinkt zu viel Bier
Certain individuals do not eat vegetables	Bestimmte Personen essen kein Gemüse
We know many things	Wir wissen viele Dinge
There are too many people in the park	Es gibt zu viele Leute im Park
Some women are more beautiful	Manche Frauen sind schöner
We see all the animals at the zoo	Wir sehen alle Tiere im Zoo
We have several millions	Wir haben mehrere Millionen

The whole family works on the farm	Die ganze Familie arbeitet auf dem Hof
I want whichever vegetable	Ich will was auch immer gemüse
Any seat will do	Jeder Platz wird ausreichen
You know, I do not have any family	Wissen Sie, ich habe keine Familie
They have another son	Sie haben einen anderen Sohn
I love him and my whole family	Ich liebe ihn und meine ganze Familie
Do you want another cup of tea?	Willst du noch eine Tasse Tee?
These apples are big	Diese Äpfel sind groß
Why do those men look at you?	Warum sehen diese Männer dich an?
She has too many boyfriends	Sie hat zu viele Freunde

TRAINING TIME

STORY MODE

ENGLISH

Carlos: "How many windows are there in this house? Everyone says it's eight, but I do not agree."

Matias: "My bathroom has no windows, so there are seven in total."

Carlos: "And the house in Valencia? How many in total?"

Matias: "Four."

Carlos: "Four? Considering the size of the rooms, you need a lot of ventilation."

Matias: "Some windows are very expensive, which makes it difficult to buy more than seven."

Carlos: "If you have your phone, you should take a look at some of the images on my site, each of which costs less than seventy dollars, I think they are accessible and of equal quality with that other brand."

searches the Internet

Matias: "These windows are beautiful, especially the two in the upper left corner, I like both."

Carlos: "I knew you would like it, and since I want you to be my first customer this month, I offer a 5% discount if you can afford both."

GERMAN

Carlos: "Wie viele Fenster gibt es in diesem Haus? Jeder sagt, es sind acht, aber ich stimme nicht zu."

Matias: "Mein Badezimmer hat keine Fenster, also gibt es insgesamt sieben."

Carlos: "Und das Haus in Valencia? Wie viele insgesamt?"

Matias: "Vier."

Carlos: "Vier? In Anbetracht der Größe der Räume benötigen Sie viel Belüftung."

Matias: "Einige Fenster sind sehr teuer, so dass es schwierig ist, mehr als sieben Fenster zu kaufen."

Carlos: "Wenn Sie Ihr Telefon haben, sollten Sie sich einige Bilder auf meiner Website ansehen, von denen jedes weniger als siebzig Dollar kostet. Ich denke, sie sind zugänglich und von derselben Qualität wie diese andere Marke."

* sucht das Internet *

Matias: "Diese Fenster sind wunderschön, besonders die beiden in der oberen linken Ecke, ich mag beide."

Carlos: "Ich wusste, dass es Ihnen gefallen würde, und da Sie in diesem Monat mein erster Kunde sein möchten, biete ich einen Rabatt von 5%, wenn Sie sich beides leisten können."

Chapter 17

ADVERBS

Keywords: Viel, wenig, oben, unten, überall.

Okay	Okay
Almost	Fast
He eats a lot	Er isst viel
You're so strong	Du bist so stark
Where are they from?	Woher kommen sie?
It is very expensive	Es ist sehr teuer
I know where he comes from	Ich weiß woher er kommt
How heavy is your bag?	Wie schwer ist deine Tasche?
Do you come from there?	Kommst du von dort?
It is not very expensive	Es ist nicht sehr teuer
I work a lot during the week	Ich arbeite viel während der Woche
They live there	Sie leben dort
We know little about him	Wir wissen wenig über ihn
Is the spider under the cheese?	Ist die Spinne unter dem Käse?
The bird is above the zoo	Der Vogel steht über dem Zoo
We are outside the restaurant	Wir sind außerhalb des Restaurants
For over a decade	Seit über einem Jahrzehnt
I wait outside	Ich warte draußen
Spring is here	Der Frühling ist da
They go inside with her	Sie gehen mit ihr hinein
She looks around	Sie schaut sich um

I go out after dinner	Ich gehe nach dem Abendessen aus
Then the women arrive	Dann kommen die Frauen an
You are here with us	Sie sind hier bei uns
And then?	Und dann?

TRAINING TIME

Me too	Ich auch
I eat when I want	Ich esse, wann ich will
Saturday comes before sunday	Samstag kommt vor Sonntag
You eat as much as you want	Du isst so viel wie du willst
The mailman's apartment is here	Die Wohnung des Postboten ist hier
Do you write to your parents often?	Schreibst du oft an deine Eltern?
Spring comes after winter	Der Frühling kommt nach dem Winter
Your sister is beautiful as ever	Deine Schwester ist so schön wie eh und je
My mother is better	Meiner Mutter geht es besser
Fine, thank you	Gut, Danke
I am really sorry	Es tut mir echt leid
Thank you, they are very well	Danke, es geht ihnen sehr gut
My brother never drinks	Mein Bruder trinkt nie
I am fine	Ich bin ok
Go anywhere you want	Geh dorthin, wo du willst
Not too sweet	Nicht zu süß
Do they come too?	Kommen sie auch
It is almost noon	Es ist fast Mittag
Are you alone?	Bist du allein?

I do not eat too much	Ich esse nicht zu viel
I arrive right away	Ich komme gleich an
I am not really sure	ich bin mir nicht ganz sicher
They also live here	Sie leben auch hier
Obviously, fruit is sweet	Natürlich ist Obst süß
Then why are they here?	Warum sind sie dann hier?

TRAINING TIME

Are the plumbers still here?	Sind die Klempner noch hier?
It is absolutely impossible	Das ist absolut unmöglich
He is still here	Er ist immer noch hier
It is completely green	Es ist komplett grün
Just in time	Gerade rechtzeitig
The horse is still young	Das Pferd ist noch jung
It is like this everywhere	Es ist überall so
We are already in June	Wir sind schon im Juni
Do you have children already?	Hast du schon Kinder?
It is pretty interesting	Das ist ziemlich interessant
The dates are not certain however	Die Daten sind jedoch nicht sicher
At least they eat at the table	Zumindest essen sie am Tisch
I do not eat meat, but I eat fish	Ich esse kein Fleisch, aber ich esse Fisch
Anyway, it is not important	Auf jeden Fall ist es nicht wichtig

Is it Friday already?	Ist es schon Freitag?
There is a cat	Da ist eine Katze
You are just like your mother	Du bist genau wie deine Mutter
We are going now	Wir gehen jetzt
Why do we not have even one fork?	Warum haben wir nicht einmal eine Gabel?
I write approximately a book per year	Ich schreibe ungefähr ein Buch pro Jahr
Do we go together?	Gehen wir zusammen
There is an apple on the table	Da ist ein Apfel auf dem Tisch
It is just a mouse	Es ist nur eine Maus
I speak mainly of them	Ich spreche hauptsächlich von ihnen
Today, I am sure	Heute bin ich mir sicher

TRAINING TIME

Very far	Sehr weit
Generally	Allgemein
No, currently no	Nein, derzeit nein
It is finally here	Es ist endlich da
See you later	Bis später
See you soon	Bis bald
Of course, it is really him	Natürlich ist es wirklich er
I am certain of the answer	Ich bin mir der Antwort sicher
March perhaps, but not April	März vielleicht, aber nicht April
Maybe it is a chocolate cookie	Vielleicht ist es ein Schokoladenkeks

Maybe she cooks dinner	Vielleicht kocht sie das Abendessen
Maybe it is true	Vielleicht ist es wahr
She is there	Sie ist dort
In general, it is white	Im Allgemeinen ist es weiß
You write especially for us	Sie schreiben speziell für uns
Finally, it is Friday	Endlich ist es Freitag
Do you sleep a lot?	Schläfst du viel?
You are simply beautiful	Du bist einfach wunderschön
My sister never drinks	Meine Schwester trinkt nie
It is totally normal	Das ist völlig normal
I only have one shoe	Ich habe nur einen Schuh
She walks around	Sie geht herum
He speaks really well	Er spricht sehr gut
My brother never drinks	Mein Bruder trinkt nie
This is totally different!	Das ist ganz anders!

TRAINING TIME

Completely	Vollständig
Definitely	Bestimmt
Exactly!	Genau!
I never swim	Ich schwimme nie
You truly are a good person	Du bist wirklich ein guter Mensch
Yes, I go immediately	Ja, ich gehe sofort
Maybe it is too much	Vielleicht ist es zu viel

Likewise, goodbye	Auf Wiedersehen
He probably arrives today	Er kommt wahrscheinlich heute an
Below the table	Unter der Tabelle
We go forward	Wir gehen weiter
You are practically my brother	Du bist praktisch mein Bruder
Thank you, doctor, likewise	Danke auch, Herr Doktor
Perhaps it is possible	Vielleicht ist es möglich
My cat sleeps under the sofa	Meine Katze schläft unter dem Sofa
The pig is below the table	Das Schwein ist unter dem Tisch
They are equally responsible	Sie sind gleichermaßen verantwortlich
They arrive immediately	Sie kommen sofort an
He only eats pasta	Er isst nur Nudeln
It is perfectly possible	Das ist durchaus möglich
She eats mainly sugar	Sie isst hauptsächlich Zucker
He is alone again	Er ist wieder alleine
Yes, very recently	Ja, vor kurzem
It is completely green	Es ist komplett grün
She only eats fruit	Sie isst nur Obst

TRAINING TIME

We are approximately here	Wir sind ungefähr hier
It is mainly sugar	Es ist hauptsächlich Zucker
You are perfectly capable	Du bist vollkommen fähig
We talked recently	Wir haben vor kurzem gesprochen
Younger, naturally	Natürlich jünger
We drink quickly	Wir trinken schnell
It is surely my elephant	Es ist sicher mein Elefant
A horse runs rapidly	Ein Pferd rennt schnell
What are they exactly?	Was genau sind sie
I am absolutely sure	Ich bin mir absolut sicher
Yes, you are definitely better	Ja, du bist definitiv besser
Surely it is juice	Sicher ist es Saft
Wednesday, normally	Mittwoch normalerweise
He walks slowly	Er geht langsam
Not necessarily	Nicht unbedingt
She reads easily	Sie liest leicht
It is possibly worse	Es ist möglicherweise schlimmer
His son hardly speaks	Sein Sohn spricht kaum
It is relatively new	Es ist relativ neu
He eats slowly	Er isst langsam
Normally, it takes years	Normalerweise dauert es Jahre
The past week	Die letzte Woche

TRAINING TIME

STORY MODE

ENGLISH

"Finally, it's Friday, will you still come to the club?" said Niko.

"Possibly." she answered.

"You'll miss if you do not go in. There will also be drinks and celebrities."

"It all depends on my sister, if she leaves, I'll go. Until then, I'm undecided." she replied.

"You have to decide now; the VIP section is one of the best in the world." Niko continued.

"I'm still undecided." she replied.

"It may be too late if you finally change your mind, and you'll never have a chance to see your favorite artist again." Niko said.

"All right, I'm going." she replied.

"I'll book it for you right away." said Niko.

GERMAN

"Es ist endlich Freitag, gehst du noch in den Club?" Sagte Niko.

"Vielleicht", antwortete sie.

"Sie werden es vermissen, wenn Sie nicht hineingehen. Es wird auch Getränke und Prominente geben."

"Alles hängt von meiner Schwester ab. Wenn sie geht, gehe ich. Bis dahin bin ich unentschieden.", Antwortete sie.

"Sie müssen sich jetzt entscheiden. Der VIP-Bereich ist einer der besten der Welt", fuhr Niko fort.

"Ich bin noch unentschlossen", antwortete sie.

"Es kann für Sie zu spät sein, Ihre Meinung zu ändern, und Sie haben möglicherweise nie die Gelegenheit, Ihren Lieblingskünstler wiederzusehen", sagte Niko.

"In Ordnung, ich gehe.", Antwortete sie.

"Ich werde es gleich jetzt buchen", sagte Niko.

Chapter 18

OBJECTS

Keywords: Auto, Objekt, Maschine, Box, Kamm, Pinsel, Geschenke, Rad, Ball, Brille.

The motor	Der Motor
The pen	Der Stift
The map	Die Karte
The bottle	Die Flasche
The computer	Der Computer
The train	Der Zug
The bicycle	Das Fahrrad
The ball	Der Ball
The key	Der Schlüssel
A car	Einen Wagen
The piece	Das Stück
The radio	Das Radio
The airplane	Das Flugzeug
The camera	Die Kamera
The battery	Die Batterie
The backpack	Der Rucksack
The scissors	Die Schere
The card	Die Karte
The ship	Das Schiff
The foot	Der Fuß
I want many things	Ich will viele sachen
It is an old thing	Es ist eine alte Sache
I have cars	Ich habe autos
The coin is big	Die Münze ist groß
My cellphone	Mein Handy

TRAINING TIME

A key	Ein Schlüssel
The money	Das Geld
The magazine	Die Zeitschrift
The newspaper	Die Zeitung
The bell	Die Glocke
The cup	Die Tasse
The heads	Die Köpfe
The bridge	Die Brücke
The gold	Das Gold
The chain	Die Kette
The paper	Das Papier
The dollar	Der Dollar
The things	Die Dinge
The movie	Der Film
The document	Das Dokument
The cell phone	Das Handy
The screen	Der Bildschirm
Do you keep a diary?	Führst du ein Tagebuch?
Do you still have the brush?	Hast du noch die Bürste?
I have a diary too	Ich habe auch ein Tagebuch
Do they have a computer?	Haben sie einen Computer?
A comb for the girls	Ein Kamm für die Mädchen
I already have an envelope	Ich habe bereits einen Umschlag
The box is on the desk	Die Box steht auf dem Schreibtisch
We have a box of cookies	Wir haben eine Schachtel Kekse

TRAINING TIME

The coin	Die Münze
The flag	Die Flagge
The bill	Die Rechnung
The automobile	Das Automobil
The wheel	Das Rad
The weapon	Die Waffe
The brush	Die Bürste
The envelop	Der Umschlag
The comb	Der Kamm
The diary	Das Tagebuch
The photograph	Die Fotografie
The weapons	Die Waffen
The picture	Das Bild
The leaf	Das Blatt
He wants some red glasses	Er will eine rote Brille
We have a new fan for the summer	Wir haben einen neuen Fan für den Sommer
He is in really good shape	Er ist wirklich gut in Form
I have the perfect present	Ich habe das perfekte Geschenk
It is a little piece	Es ist ein kleines Stück
I see a keyboard	Ich sehe eine Tastatur
Today, I get my license	Heute bekomme ich meine Lizenz
I want the presents	Ich möchte die Geschenke
I cannot find my license	Ich kann meine Lizenz nicht finden
My father has a flute and a violin	Mein Vater hat eine Flöte und eine Geige
She always says the same thing	Sie sagt immer dasselbe

TRAINING TIME

The engine	Der Motor
The alcohol	Der Alkohol
The handbag	Die Handtasche
Our bottle	Unsere Flasche
The edge	Die Kante
The gold is mine!	Das Gold gehört mir!
I write on sheets of white paper	Ich schreibe auf weißes Blatt Papier
I have a wheel and an engine	Ich habe ein Rad und einen Motor
You never have time for the important things	Sie haben nie Zeit für die wichtigen Dinge
It is a white sheet	Es ist ein weißes Blatt
The car is out of gas	Das Auto ist leer
I want a battery for my car	Ich möchte eine Batterie für mein Auto
Who has the instrument?	Wer hat das Instrument?
The ship is old	Das Schiff ist alt
My cousin's automobile is new	Das Auto meines Cousins ist neu
We have the cars	Wir haben die Autos
The captains talk about the ships	Die Kapitäne sprechen über die Schiffe
It is my vehicle	Es ist mein Fahrzeug
I have a code	ich habe einen Code
Are you a machine?	Bist du eine maschine
It is a column	Es ist eine Kolonne
We read newspapers now	Wir lesen jetzt Zeitungen
He always reads a magazine	Er liest immer eine Zeitschrift
The girl writes many pages	Das Mädchen schreibt viele Seiten
She needs a part for the fridge	Sie braucht ein Teil für den Kühlschrank

TRAINING TIME

The battery	Die Batterie
She has a chain	Sie hat eine Kette
She has blue eyes	Sie hat blaue Augen
We read newspapers	Wir lesen Zeitungen
What is the object in the bowl?	Was ist das Objekt in der Schüssel?
Her clothes are unique pieces	Ihre Kleider sind Unikate
It is always a good thing	Es ist immer eine gute Sache
He has a little bit of money	Er hat ein bisschen Geld
Does she have paper?	Hat sie Papier?
I have a ball	Ich habe einen Ball
I have cars	Ich habe autos
Julio spreads butter on his feet	Julio verteilt Butter auf seinen Füßen
My suitcase is yellow	Mein Koffer ist gelb
I have the text	Ich habe den text
The television is expensive	Der Fernseher ist teuer
The watch is an object	Die Uhr ist ein Objekt
He drinks in the afternoon	Er trinkt am Nachmittag
He gives the money to the men	Er gibt den Männern das Geld
The cat sleeps on top of the dog	Die Katze schläft auf dem Hund
He produces expensive objects	Er produziert teure Gegenstände
They pay a dollar	Sie zahlen einen Dollar
Dog food is expensive	Hundefutter ist teuer
Do you have a cellphone?	Hast du ein Handy?
The suitcase of my sister is big	Der Koffer meiner Schwester ist groß
Do you have a coin?	Hast du eine Münze?

TRAINING TIME

The photograph	Die Fotografie
The screen	Der Bildschirm
The eye	Das Auge
The head	Der Kopf
The flag	Die Flagge
The sources	Die Quellen
The engine	Der Motor
The weapon	Die Waffe
The wheel	Das Rad
The powder	Das Pulver
The machine	Die Maschine
The pieces	Die Stücke
The box	Die Kiste
The bottles	Die Flaschen
I need batteries	Ich brauche Batterien
I do not like that thing	Ich mag das Ding nicht
The lawyers deliver the papers	Die Anwälte liefern die Papiere
Who has the documents?	Wer hat die Dokumente?
Who else is on the boat?	Wer ist sonst noch auf dem Boot?
Do you have cameras?	Hast du Kameras?
My boat is blue	Mein Boot ist blau
Do you have a watch?	Hast du eine Uhr?
The newspapers are recent	Die Zeitungen sind neu
The document has many pages	Das Dokument hat viele Seiten
I want a cheese sandwich, and a glass of water	Ich möchte ein Käsesandwich und ein Glas Wasser

TRAINING TIME

The peace	Der Frieden
The sector	Der Sektor
The movements	Die Bewegungen
The research	Die Forschung
The capacity	Die Kapazität
The necessity	Die Notwendigkeit
The effect	Der Effekt
The code	Der Code
I pay with a card	Ich bezahle mit einer Karte
It is a source of money	Es ist eine Geldquelle
Do you have a pen?	Hast du einen Stift?
It is a bell	Es ist eine Glocke
A big object	Ein großes Objekt
It is not a clock	Es ist keine Uhr
I need English magazines	Ich brauche englische Zeitschriften
Personal objects	Persönliche Gegenstände
It is in dollars	Es ist in Dollar
It is my vehicle	Es ist mein Fahrzeug
Does he go to work by bus?	Geht er mit dem Bus zur Arbeit?
We have bicycles	Wir haben Fahrräder
The colonel has a bomb	Der Oberst hat eine Bombe
I have pens	Ich habe stifte
The monitor is big	Der Monitor ist groß
It is a bottle with a note	Es ist eine Flasche mit einer Notiz
The beer is for the farmers	Das Bier ist für die Bauern

TRAINING TIME

The weapons	Die Waffen
The spine	Die Wirbelsäule
Are you a machine?	Bist du eine maschine
She follows the rules	Sie folgt den Regeln
She is clever	Sie ist schlau
The author reads about motors	Der Autor liest über Motoren
It is a bad piece	Es ist ein schlechtes Stück
The wheels are white	Die Räder sind weiß
Bombs are bad	Bomben sind schlecht
He has a car	Er hat ein Auto
Which shoes fit you well?	Welche Schuhe passen dir gut?
She reads you a newspaper	Sie liest dir eine Zeitung vor
I will see you later	Wir sehen uns später
He follows me	Er folgt mir
I want you	Ich will dich
You eat an apple	Du isst einen Apfel
These shoes do not fit me	Diese Schuhe passen nicht zu mir
You follow me	Du folgst mir
He looks at you	Er sieht dich an
We eat an orange	Wir essen eine Orange
You talk to them	Du sprichst mit ihnen
They are intelligent, aren't they?	Sie sind intelligent, nicht wahr?
My shoes are expensive	Meine Schuhe sind teuer
She blames us	Sie beschuldigt uns
The lamp is expensive	Die Lampe ist teuer

TRAINING TIME

STORY MODE

ENGLISH

Alex: "Today we will learn about objects, starting with the pictures on the board. From left to right, each of you will name seven of the objects on the board, and then move on to a discussion of their uses.

Filippo! Let's start with you. Please begin."

Filippo: "Apple, ball, battery, bicycle, bell, bottle, box."

Gustavo: "Calendar, camera, car, cell phone, clock, computer, mug."

Valeria: "Dollar, flag, house, keys, map, paper, pen."

Olivia: "Image, radio, scissors, boat, suitcase, train, wheel."

GERMAN

Alex: "Heute lernen wir über Objekte, beginnend mit den Bildern auf dem Brett. Von links nach rechts, jeder von euch wird sieben der Objekte auf dem Brett nennen und dann weitermachen, um ihre Verwendung zu besprechen.

Filippo! Lass uns mit dir anfangen. Fangen Sie bitte an."

Filippo: "Apfel, Ball, Batterie, Fahrrad, Glocke, Flasche, Box."

Gustavo: "Kalender, Kamera, Auto, Handy, Uhr, Computer, Becher."

Valeria: "Dollar, Flagge, Haus, Schlüssel, Karte, Papier, Stift."

Olivia: "Bild, Radio, Schere, Boot, Koffer, Zug, Fahrrad."

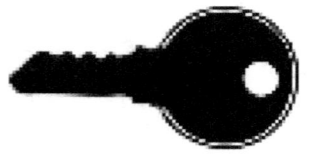

Chapter 19

PLACES

Keywords: Provinz, Buchhandlung, Konditorei, Park, Supermarkt, Gefängnis, Museum.

The hotel	Das Hotel
The restaurant	Das Restaurant
The home	Das Zuhause
The school	Die Schule
The library	Die Bibliothek
The airport	Der Flughafen
The mount	Die Halterung
The site	Der Standort
The bridge	Die Brücke
The corner	Die Ecke
The center	Das Zentrum
The field	Das Feld
The bank	Die Bank
The church	Die Kirche
The castle	Die Burg
The zone	Die Zone
The markets	Die Märkte
The plaza	Der Platz
The region	Die Region
The theatre	Das Theater
The bar	Die Bar
The yard	Der Hof
The district	Das Viertel
The office	Das Büro
The building	Gebäude

TRAINING TIME

The prison	Das Gefängnis
The park	Der Park
The museum	Das Museum
The island	Die Insel
The garden	Der Garten
The municipality	Die Gemeinde
The avenue	Die Allee
The lounge	Das Wohnzimmer
The residence	Die Residenz
The coffee	der Kaffee
The town	Die Stadt
The road	Die Straße
The beach	Der Strand
The capital	Die Hauptstadt
The courtroom	Der Gerichtssaal
I see the castles from my house	Ich sehe die Schlösser von meinem Haus
Are we in the same hotel?	Sind wir im selben Hotel?
Who enters the bookstore day?	Wer betritt den Buchhandlungstag?
Our bakery is small	Unsere Bäckerei ist klein
The buildings are enormous	Die Gebäude sind enorm
She buys bread from the bakery	Sie kauft Brot von der Bäckerei
Where is the bookstore?	Wo ist die Buchhandlung?
Which bookstore sells his book?	Welche Buchhandlung verkauft sein Buch?
The new building is enormous	Das neue Gebäude ist enorm
From the roof, we see the castle	Vom Dach aus sehen wir das Schloss

TRAINING TIME

My dad has a bar	Mein Vater hat eine Bar
It is a city on a hill	Es ist eine Stadt auf einem Hügel
The family works in the fields	Die Familie arbeitet auf den Feldern
At night, we go to the bar on the corner	Nachts gehen wir zur Bar an der Ecke
I know the city well	Ich kenne die Stadt gut
She runs in a field	Sie läuft auf einem Feld
The kitchen is at the center of the home	Die Küche ist in der Mitte des Hauses
We live in a big region	Wir leben in einer großen Region
Where is my place?	Wo ist mein Platz?
Do you see the entrance to the park?	Siehst du den Eingang zum Park?
Which places do you want?	Welche Orte möchten Sie?
I go in your place	Ich gehe an deine Stelle
They are at the stadium	Sie sind im Stadion
An entire region	Eine ganze Region
What is the name of the international community?	Wie heißt die internationale Gemeinschaft?
The new supermarket is here	Der neue Supermarkt ist hier
Tomorrow, I go to the village	Morgen gehe ich ins Dorf
The theatres are big	Die Theater sind groß
Which streets lead to the city?	Welche Straßen führen in die Stadt?
The towns are different	Die Städte sind anders
I go to a street	Ich gehe auf eine Straße

We arrive from the station	Wir kommen vom Bahnhof an
He works in a store	Er arbeitet in einem Geschäft
I have property there	Ich habe Eigentum dort
I like castles	Ich mag Burgen

TRAINING TIME

Square	Quadrat
The bedroom	Das Schlafzimmer
The harbor	Der Hafen
The island	Die Insel
The neighborhood	Die Nachbarschaft
The province	Die Provinz
The tower	Der Turm
The home	Das Zuhause
The road	Die Straße
The library	Die Bibliothek
The stadium	Das Stadium
The square	Das Quadrat
The streets	Die Straßen
The theatre	Das Theater
The station	Der Bahnhof
We live in the neighborhood on the hill	Wir leben in der Nachbarschaft auf dem Hügel
He has an old train conductor uniform	Er hat eine alte Zugführeruniform
We see the palaces tonight	Wir sehen die Paläste heute Abend
The neighborhood women are beautiful	Die Nachbarschaft Frauen sind wunderschön
Today, we eat in the palace	Heute essen wir im Palast
The party is in my neighborhood	Die Party ist in meiner Nachbarschaft

He lives in an important palace	Er lebt in einem wichtigen Palast
It is the city of churches	Es ist die Stadt der Kirchen
The cities	Die Städte
Lisa eats in the restaurant	Lisa isst im Restaurant
He wants the land	Er will das Land

TRAINING TIME

The colony	Die Kolonie
The gallery	Die Gallerie
The continent	Der Kontinent
He visits the institution	Er besucht die Institution
It is my area	Es ist meine Gegend
Welcome to my restaurant	Willkommen in meinem Restaurant
Welcome to the hotel	Willkommen im Hotel
Angelo walks on the beach	Angelo geht am Strand spazieren
Ana is in the yard	Ana ist im Hof
Lisa is in the garden	Lisa ist im Garten
Where is the train to Madrid?	Wo ist der Zug nach Madrid?
I have a house in each country	Ich habe ein Haus in jedem Land
The place seems huge	Der Ort scheint riesig
It is his zone	Es ist seine Zone
I am in the city	Ich bin in der Stadt
My houses do not have roofs	Meine Häuser haben keine Dächer
The cities are not good	Die Städte sind nicht gut
The places are small	Die Plätze sind klein
The buildings are big	Die Gebäude sind groß
Adriana plays in the park	Adriana spielt im Park
Where is the museum?	Wo ist das Museum?

It is an important avenue	Es ist ein wichtiger Weg
Africa is not a country	Afrika ist kein Land
We walk in the square	Wir gehen auf dem Platz
The plaza is big and pretty	Der Platz ist groß und hübsch

TRAINING TIME

The nation	Die Nation
The areas	Die Gebiete
The terrain	Das Gelände
My uncle has a house in Italy	Mein Onkel hat ein Haus in Italien
The community speaks English	Die Gemeinde spricht Englisch
She goes to the university	Sie geht zur Universität
She knows a lot about banks	Sie weiß viel über Banken
We talked about these regions	Wir haben über diese Regionen gesprochen
We are a large community	Wir sind eine große Gemeinschaft
We walk by the road	Wir gehen an der Straße entlang
The banks are white	Die Banken sind weiß
It is a good hospital	Es ist ein gutes Krankenhaus
In the coast	In der Küste
It is an important port	Es ist ein wichtiger Hafen
My sister goes to the institute	Meine Schwester geht zum Institut
It is the best institution of the country	Es ist die beste Institution des Landes

TRAINING TIME

STORY MODE

ENGLISH

Angelo: "I need a new place to relax after a long day, before going home. Do you have any suggestions?"

Ana: "This is not a problem in this city, there is a long list of places, some of which include the museum, art galleries, state libraries, shopping centers and many bars and restaurants.
If you like nature, you can go to the national park."

Angelo: "Where is it?"

Ana: "It's near the cooking school and the airport in Zone 6. Just a few blocks west of the university gate and the hospital building."

Angelo: "I need a place closer to my house, this distance is too far for me."

Ana: "Alternatively, you can visit the castle of El Maria, in a quiet area not far from your office, there is also the Torre de Santa Maria, owned by the Santa Maria family. It also has a bar and a small, private beach."

Angelo: "How do I get there?"

Ana: "It's just around the corner from Osvaldo Avenue, the second street just after the urban development institute."

GERMAN

Angelo: "Ich brauche einen neuen Ort um mich nach einem langen Tag zu entspannen, bevor ich nach Hause gehe, hast du irgendwelche Vorschläge?"

Ana: "Das ist kein Problem in dieser Stadt, es gibt eine lange Liste von Orten, von denen einige das Museum, Kunstgalerien, Staatsbibliotheken, Einkaufszentren und viele Bars und Restaurants umfassen.

Wenn Sie die Natur mögen, können Sie in den Nationalpark gehen."

Angelo: "Wo ist es?"

Ana: "Es ist in der Nähe der Kochschule und des Flughafens in Zone 6. Nur ein paar Blocks westlich des Universitätsgates und des Krankenhausgebäudes."

Angelo: "Ich brauche einen Platz näher an meinem Haus, diese Entfernung ist zu weit für mich."

Ana: "Alternativ können Sie das Schloss von El Maria, in einer ruhigen Gegend, nicht weit von Ihrem Büro, besuchen, gibt es auch den Torre de Santa Maria, im Besitz der Familie Santa Maria, es hat auch eine Bar und ein kleines, privater Strand."

Angelo: "Wie komme ich dorthin?"

Ana: "Es ist gleich um die Ecke von der Osvaldo Avenue, der zweiten Straße gleich nach dem Municipal Development Institute."

Chapter 20

PEOPLE

Keywords: Erwachsener, Mensch, Bürger, Menschen.

The people	Die Menschen
The lady	Die Dame
The queen	Die Königin
The citizen	Der Bürger
The neighbors	Die Nachbarn
The victim	Das Opfer
The prisoner	Der Häftling
The individual	Der Einzelne
The colleague	Der Kollege
We have a group of friends	Wir haben eine Gruppe von Freunden
What do we give to the adults and to the children?	Was geben wir den Erwachsenen und den Kindern?
I love my fiance	Ich liebe meinen Verlobten
They are the same age	Sie sind gleich alt
The children in my family are tall	Die Kinder in meiner Familie sind groß
The crowd waits for an answer	Die Menge wartet auf eine Antwort
We are individuals	Wir sind Individuen
You are an adult now	Du bist jetzt ein Erwachsener
The next coffee is yours	Der nächste Kaffee gehört dir
I am not a guest	Ich bin kein Gast
He is my partner	Er ist mein Partner
The police officers search for a dangerous person	Die Polizeibeamten suchen nach einer gefährlichen Person
The famous wedding is next week	Die berühmte Hochzeit ist nächste Woche

We are the next	Wir sind die nächsten
It is childish!	Es ist kindisch!
The unions are large	Die Gewerkschaften sind groß

TRAINING TIME

My son is only a teenager	Mein Sohn ist nur ein Teenager
The city's population is big	Die Bevölkerung der Stadt ist groß
Who is next?	Wer ist der nächste?
I am a child	ich bin ein Kind
She is not my fiancée!	Sie ist nicht meine Verlobte!
What do the people think?	Was denken die Leute?
The citizens listen to his answers	Die Bürger hören seinen Antworten zu
The new generations understand	Die neuen Generationen verstehen
I am not a common individual	Ich bin kein gewöhnlicher Mensch
She has a strong personality	Sie hat eine starke Persönlichkeit
Good evening ladies and gentlemen	Guten Abend meine Damen und Herren
His father meets the bride	Sein Vater trifft die Braut
We are not colleagues	Wir sind keine Kollegen
We are not citizens	Wir sind keine Bürger
I have a special relationship with my aunt	Ich habe eine besondere Beziehung zu meiner Tante
She is our neighbour	Sie ist unsere Nachbarin
A woman is not always a lady	Eine Frau ist nicht immer eine Frau

Your wife is Italian	Deine Frau ist Italienerin
What is a revolution?	Was ist eine Revolution?
I have a girlfriend	Ich habe eine Freundin
She is a person	Sie ist eine Person
It is my culture	Es ist meine Kultur
We are good people	Wir sind gute Leute
He goes to the union	Er geht zur Gewerkschaft
Humanity is unique	Die Menschheit ist einzigartig

TRAINING TIME

The farmers	Die Bauern
The citizens	Die Bürger
My mates	Meine Kumpels
The boys train at the stadium	Die Jungs trainieren im Stadion
She does not have enemies	Sie hat keine Feinde
The child drinks grape juice	Das Kind trinkt Traubensaft
Who are the teenagers?	Wer sind die Teenager?
The lady is responsible	Die Dame ist verantwortlich
She is a woman of character	Sie ist eine charaktervolle Frau
The audience hears	Das Publikum hört
Your sister is my bride	Deine Schwester ist meine Braut
The humans eat meat	Die Menschen essen Fleisch
The crowd listens to the king	Die Menge hört dem König zu
You have good customs	Du hast gute Bräuche

When is the wedding?	Wann ist die Hochzeit?
What is a citizen?	Was ist ein Bürger?
The guests also work	Die Gäste arbeiten auch
Gilberto is a person	Gilberto ist eine Person
The people look	Die Leute schauen
You have no culture	Du hast keine Kultur
They are good people	Sie sind gute Menschen
The dog is man's best friend	Der Hund ist der beste Freund des Menschen
Are we a couple?	Sind wir ein Paar?
He goes not know his age	Er weiß sein Alter nicht
What a beautiful habit	Was für eine schöne Angewohnheit

TRAINING TIME

They only think about freedom	Sie denken nur an die Freiheit
The group visits the hospital	Die Gruppe besucht das Krankenhaus
They are the new neighbours	Sie sind die neuen Nachbarn
The revolution starts now!	Die Revolution beginnt jetzt!
He is my colleague at work	Er ist mein Kollege bei der Arbeit
He is one of my neighbours	Er ist einer meiner Nachbarn
We are hardworking	Wir arbeiten fleißig
The cat is a nice animal	Die Katze ist ein schönes Tier
My uncle writes about tourism	Mein Onkel schreibt über Tourismus
The older man is important	Der ältere Mann ist wichtig

No, he is not my boyfriend	Nein, er ist nicht mein Freund
She is a very interesting person	Sie ist eine sehr interessante Person
To the general population	An die allgemeine Bevölkerung
He is my roommate	Er ist mein Mitbewohner
They are small adults	Sie sind kleine Erwachsene
Are you a victim?	Bist du ein Opfer?
It is an individual	Es ist eine Einzelperson
You are already adults	Du bist schon erwachsen
She watches the girls	Sie beobachtet die Mädchen
It is bad for humanity	Es ist schlecht für die Menschheit
Nor i	Noch ich
Do you have enemies?	Hast du Feinde?
They study tourism	Sie studieren Tourismus
They are officers	Sie sind Offiziere
I have an enemy	Ich habe einen feind
We have an association	Wir haben einen Verein
Besides, we do not have witnesses	Außerdem haben wir keine Zeugen
He is always a gentleman	Er ist immer ein Gentleman
My cousins go to the fair	Meine Cousins gehen auf die Messe
I do not want wine but I want water	Ich will keinen Wein, aber ich will Wasser
I am an eyewitness	Ich bin Augenzeuge

TRAINING TIME

STORY MODE

ENGLISH

Reporter: "There are so many people at this year's carnival, I've already seen my neighbor and a colleague with their national flags, let me go to the farmer's section and talk to some of the people there."

"Hi guys, and welcome to the 24th annual Green Carnival, how are you guys today?"

Tourist 1: "We are doing quite well, we are enjoying the fair."

Reporter: "Good to know, can I ask you about your costumes? What's the theme?"

Tourist 1: "We are citizens of Portugal, a country with a population of eleven million people and we have a unique culture. In response to your second question, our theme for this year is 'Tourism for humanity'."

Tourist 2: "We both witnessed the destructive power of hurricanes in person, and so we decided to help create awareness and also travel in search of donations for their victims."

GERMAN

Reporter: "Es gibt so viele Menschen beim diesjährigen Karneval, ich habe bereits meinen Nachbarn und einen Kollegen mit ihren Nationalflaggen gesehen. Lassen Sie mich zur Bauernabteilung gehen und mit einigen Leuten dort sprechen."

"Hallo Leute und willkommen zum 24. jährlichen grünen Karneval, wie geht es euch heute?"

Tourist 1: "Es geht uns ganz gut, wir genießen die Messe."

Reporter: "Gut zu wissen, kann ich Sie nach Ihren Kostümen fragen? Was ist das Thema?"

Tourist 1: "Wir sind Bürger von Portugal, einem Land mit elf Millionen Einwohnern, und wir haben eine einzigartige Kultur. Als Antwort auf Ihre zweite Frage lautet unser Thema für dieses Jahr "Tourismus für die Menschheit."

Tourist 2: "Wir haben beide die zerstörerische Kraft der Hurrikane persönlich erlebt, und so haben wir beschlossen, zur Bewusstseinsbildung beizutragen und auch auf der Suche nach Spenden für ihre Opfer zu reisen."

Chapter 21

NUMBERS

Keywords: Anzahl, eins, zwei, drei, vier, fünf, sechs, sieben, acht, neun, zehn, elf, zwölf, dreizehn, vierzehn, fünfzehn, sechzig, siebzig, eintausend, eine Million, zwanzig.

One	Ein
Two	Zwei
Three	Drei
Four	Vier
Five	Fünf
Six	Sechs
Seven	Sieben
Eight	Acht
Nine	Neun
Ten	Zehn
Eleven	Elf
Twelve	Zwölf
Thirteen	Dreizehn
Fourteen	Vierzehn
Fifteen	Fünfzehn
Two and four are six	Zwei und vier sind sechs
Two and six are eight	Zwei und sechs sind acht
Five women	Fünf Frauen
They see six elephants	Sie sehen sechs Elefanten
Four apples	Vier Äpfel
Page five	Seite fünf
We have eight pages	Wir haben acht Seiten
I have four dollars	Ich habe vier Dollar
Five apples	Fünf Äpfel
I have two sisters	ich habe zwei Schwestern

TRAINING TIME

Twenty	Zwanzig
Thirty	Dreißig
Fourty	Vierzig
Who is number one?	Wer ist die Nummer eins?
Three is a prime number	Drei ist eine Primzahl
His aunt has three cats	Seine Tante hat drei Katzen
She is my third girlfriend	Sie ist meine dritte Freundin
I wait a second	Ich warte eine Sekunde
He is her first child	Er ist ihr erstes Kind
The station is two metres from here	Der Bahnhof ist zwei Meter von hier entfernt
You do not want a second bowl of rice	Sie möchten keine zweite Schüssel Reis
His first pink shirt	Sein erstes rosa Hemd
He is the sixth of seven children	Er ist das sechste von sieben Kindern
The recipe is for six people	Das Rezept ist für sechs Personen
He comes here at six and not before	Er kommt um sechs hierher und nicht vorher
The fourth plate of pasta is for him	Die vierte Pasta ist für ihn
What do the four boyfriends eat?	Was essen die vier Freunde?
Thanks a lot!	Danke vielmals!
Fifty or forty?	Fünfzig oder vierzig?
I have eighteen horses	Ich habe achtzehn Pferde
From zero to ten	Von null bis zehn

He is the ninth boy in the family	Er ist der neunte Junge in der Familie
My son is ten years old	Mein Sohn ist zehn Jahre alt
We are eleven people	Wir sind elf Leute
He has twelve sons	Er hat zwölf Söhne

TRAINING TIME

Half	Hälfte
Meters	Meter
I have some money	Ich habe etwas Geld
He is the eight grandchild	Er ist das achtkindliche Enkelkind
I have thirteen cats	Ich habe dreizehn Katzen
Fourteen cousins	Vierzehn Cousins
I am fifteen years old	ich bin 15 Jahre alt
The next twelve hours	Die nächsten zwölf Stunden
Why don't you come to his sixth birthday	Warum kommst du nicht zu seinem sechsten Geburtstag?
Is there a table for five people?	Gibt es einen Tisch für fünf Personen?
We are eight in total	Wir sind insgesamt acht
We arrive in tenth place	Wir kommen auf Platz zehn an
Ten minutes	Zehn Minuten
The number is high	Die Anzahl ist hoch
He is barely seventeen years old	Er ist kaum siebzehn Jahre alt
I study from eight to eleven	Ich lerne von acht bis elf
I make tea around three in the afternoon	Ich mache Tee gegen drei Uhr nachmittags

At twelve years, a dog is old	Mit zwölf Jahren ist ein Hund alt
I have fourteen white shirts	Ich habe vierzehn weiße Hemden
I go to bed at eleven	Ich gehe um elf Uhr ins Bett
We have twenty horses	Wir haben zwanzig Pferde
They eat some apples	Sie essen Äpfel
Half of six is three	Die Hälfte von sechs ist drei
It is ten thirty	Es ist halb zehn
The fifth bridge goes to the museum	Die fünfte Brücke geht zum Museum

TRAINING TIME

Millón	Million
Four men	Vier Männer
A pair of shoes	Ein Paar Schuhe
Seventy-one carrots	Einundsiebzig Karotten
It is a million dollars	Es ist eine Million Dollar
My aunt is about forty years old	Meine Tante ist ungefähr vierzig Jahre alt
I am from the eighties	Ich bin aus den Achtzigern
I read for ninety minutes	Ich lese neunzig Minuten lang
The cake remains in the oven for sixty minutes	Der Kuchen bleibt 60 Minuten im Ofen
A metre	Ein meter
The third	Der dritte
Today is the third day	Heute ist der dritte Tag
It is your half	Es ist deine Hälfte

At the moment, he is eighth	Im Moment ist er Achter
We have been waiting for around sixty years	Wir haben ungefähr sechzig Jahre gewartet
I am almost seventy years old	Ich bin fast siebzig Jahre alt
The seventy men eat the chicken	Die siebzig Männer essen das Huhn
He remembers the seventies	Er erinnert sich an die siebziger Jahre
The next week is my last week	Die nächste Woche ist meine letzte Woche
I do not have any answers	Ich habe keine Antworten
The museum opens at nine	Das Museum öffnet um neun
They ask at least one million	Sie verlangen mindestens eine Million
Five meters	Fünf Meter
Thousands of kilometers	Tausende von Kilometern
Seven is her number	Sieben ist ihre Nummer

TRAINING TIME

One hundred of them are very well	Hundert von ihnen sind sehr gut
Five teachers	Fünf Lehrer
You have a thousand friends	Du hast tausend Freunde
He is twice my age	Er ist doppelt so alt wie ich
There are many people here	Es gibt viele Leute hier
How much bigger than him are you?	Wie viel größer bist du?

My uncle's car is smaller	Das Auto meines Onkels ist kleiner
Ten minus four equals six	Zehn minus vier ergibt sechs
He has less than five brothers	Er hat weniger als fünf Brüder
We have enough time	Wir haben genug Zeit
She buys few dresses	Sie kauft einige Kleider
Why so do many people die?	Warum sterben so viele Menschen?
We eat half of the bread	Wir essen die Hälfte des Brotes
He eats tons of fish	Er isst tonnenweise Fisch
His pair of shoes is blue	Sein Paar Schuhe ist blau
I eat dinner at nine	Ich esse um neun Uhr zu Abend
Now she is eighteen years old	Jetzt ist sie achtzehn Jahre alt
Do you have anything bigger?	Hast du etwas Größeres?
The seventh day of the week is Saturday	Der siebte Tag der Woche ist Samstag
The fifth Sunday of the month	Der fünfte Sonntag des Monats
Five white cars	Fünf weiße Autos
The cook has forty kilograms of meat	Der Koch hat vierzig Kilogramm Fleisch
She goes to the supermarket for the ninth time	Sie geht zum neunten Mal in den Supermarkt
We are in the same city thirty years later	Wir sind 30 Jahre später in derselben Stadt
Twenty families live here	Hier wohnen zwanzig Familien

Thirty-six oranges from Asia	Sechsunddreißig Orangen aus Asien
Maria has fourty four penguins	Maria hat vierundvierzig Pinguine
Thirty-five people from Italy	Fünfunddreißig Leute aus Italien
Marco has fourty three animals	Marco hat dreiundvierzig Tiere
The man is sixty years old	Der Mann ist sechzig Jahre alt
My girlfriend is nineteen years old	Meine Freundin ist neunzehn Jahre alt
This evening, he is seventh	Heute Abend ist er Siebter
I drink coffee at one in the afternoon	Ich trinke nachmittags einen Kaffee
My son is sixteen	Mein Sohn ist sechzehn
She has two thousand books	Sie hat zweitausend Bücher
It is a good pair of shoes	Es ist ein gutes Paar Schuhe
The city has a population of two million people	Die Stadt hat zwei Millionen Einwohner

TRAINING TIME

STORY MODE

ENGLISH

"Can you remember what we learned yesterday, Patrice?" Niko said.

"If you can, half of my work is over, if you can not, you should double your efforts if you want to pass the exam."

"Yes, I can," said Patrice.

"Let us continue." said Niko.

"Two plus two are four, three plus one is four, one plus three is four, eight divided by two is four," said Patrice. Great! Now we can concentrate on number 6. What can you tell me about number 6?" Niko asked.

"Six plus one equals seven, six plus three equals nine, six plus four equal ten, seven plus six equals thirteen, six plus six equals twelve, and six plus four equals ten."

"Well done, Patrice, now answer this question.

If I have fourteen followers on Snapchat and you have fifteen, what's the sum of the two?"

"Twenty-nine followers," Patrice replied.

GERMAN

"Kannst du dich daran erinnern, was wir gestern gelernt haben, Patrice?" Sagte Niko.

"Wenn Sie können, ist die Hälfte meiner Arbeit zu Ende, wenn Sie nicht können, sollten Sie Ihre Anstrengungen verdoppeln, wenn Sie die Prüfung bestehen möchten."

"Ja, ich kann", sagte Patrice.

"Lass uns fortfahren." sagte Niko.

"Zwei plus zwei sind vier, drei plus eins ist vier, eins plus drei ist vier, acht geteilt durch zwei ist vier", sagte Patrice.

"Großartig! Jetzt können wir uns auf Nummer 6 konzentrieren. Was können Sie mir über Nummer 6 sagen?" Fragte Niko.

"Sechs plus eins gleich sieben, sechs plus drei gleich neun, sechs plus vier gleich zehn, sieben plus sechs gleich dreizehn, sechs plus sechs gleich zwölf und sechs plus vier gleich zehn."

"Gut gemacht, Patrice, jetzt beantworte ich diese Frage.

Wenn ich vierzehn Anhänger auf Snapchat habe und Sie fünfzehn haben, was ist die Summe der beiden?"

"Neunundzwanzig Anhänger", antwortete Patrice.

END OF BOOK ONE

For the complete experience, please get the other books in the series

#THESIMPLESTWAYTOLEARNGERMAN

For updates on the next book, or if you'd just like to discuss this one, we're available on twitter as the @BadCreativ3, and on facebook www.facebook.com/BadCreativ3

OTHER BADCREATIVE BOOKS

The Simplest Way To Learn French

The Simplest Way To Learn Spanish

The Simplest Way To Learn Portuguese

Thank you for purchasing, and don't forget to drop us a review on our Amazon page.